「言葉」で人生を変える
超実践メソッド

いつもご機嫌で
いられる人の

モノの言い方大全

コミュニケーション心理ライフコーチ
麻生さいか
Aso Saika

大和出版

はじめに

ご機嫌な自分は「3秒」で実現できる

「人間の最大の罪は、不機嫌である」

ドイツの文豪ゲーテが語るように、誰だって毎日ご機嫌でいたいですよね。でも現実は、

- 日々、予想外のトラブルにみまわれる
- 相手からバカにされた態度を取られる
- 言いたいことが言えずに、あとで後悔するが、ときすでに遅し

など思うように仕事の成果を出せない、またプライベートもパッとせず、本書のタイトル「いつもご機嫌でいられる」とは程遠い生活という方も多いのではないでしょうか。

でも、そんな自分をやめて、本当の意味でご機嫌で生きていきたいあなたに、自分らしいモノの言い方をすることで、そういった生き方ができる方法をお届けいたします。

あらためまして、本書を手に取っていただきありがとうございます。

私は現在コミュニケーション心理ライフコーチとして、自らの可能性を最大化することで、精神的・経済的に豊かで、気づけば「ご機嫌な人生」に変わるサポートをしています。

じつは私、今でこそ、こういった毎日を過ごしておりますが、かつてはご機嫌とは月とスッポン、表面は笑顔でも**「なぜ私ばかり……」と文句と嫉妬**の毎日でした。

25歳で指定難病を発症、入院費を見て「お金を稼がなければ」と、音大卒業でピアノしかやってこなかったにもかかわらず、突然フルコミッションの営業に転職。でも、人が苦手だったため、案の定、**100回ほど商談をしても成約はゼロ**で泣いてばかりの日々。

そんなある日のこと、3歳から住んでいたスウェーデンで、**「自分はどう思うのか？」「何を伝えたいのか？」**と、いつも問われていたことを思い出しました。

スウェーデンをはじめ欧米の根本精神は「自分とあなたは違う人間」。だからこそ、誤解のないように相手をよく知り、自分のことも大切にし、丁寧に伝える習慣があります。

「だから何？　別にご機嫌と関係ないでしょ？」と思いますよね。じつは、こういったことこそが、先ほども申した、いつもご機嫌でいられることにつながってくるのです。

なぜなら、この「相手を心から尊重しつつ、同じくらい自分を大切にする——」ということこそが、自分らしく生きられる、そして、ご機嫌でいられる秘訣だからです。

ただこれだけ聞くと、「お互いを尊重するなんてわかってるけど、なかなかできないんだよ」と感じますよね？　確かに、ただの理想論に聞こえるかもしれません。

実際、スウェーデンから日本に帰国後、それまでのスタイルでは通じず苦労もし、私自身、すっかりスウェーデンスタイルを忘れておりました。

しかし、あの日、あの言葉を思い出して以来、私は、「もしかしてこれができる人は、人生がうまくいっているのではないか？」と、自分らしく輝いている人や、営業、販売職で売れている人、コミュニケーション上手な人、仕事ができる人、成功者などが使っている言葉を片っ端からひたすら文字起こしをし、徹底分析をスタート。

同時に、日本人だからできるスタイルを私が新たに見つけようと決心しました。

それから続けること1年、彼らには共通点があることに行きついたのです。

それが、この本で紹介する「3秒言葉」。

よく観察してみたら、彼らはコミュニケーションで大切な**場の雰囲気、人間関係、印象、自分の心持ちをガラッと変える「3秒言葉」をいつも使っている**と気づきました。

たった3秒のフレーズですが、これを上手に使いこなせる人たちは、皆、仕事をはじめプライベートでも生き生きと輝いていたのです。

と同時に状況を好転させるために、長い言葉は必要がないことも知りました。

たとえば、いわゆる「場の空気」。たった一言で、凍りつくこともあれば、最高の空気もつくり出せる。多くの言葉は流れ去るだけですが、ほんの一言は、1人の、いいえ、たくさんの方の人生を変える計り知れないパワーを秘めていると、彼らを通して知りました。

そこで、徹底分析したデータをもとにアレンジして実践した結果……。

私は**3000万円を売り上げて営業成績はトップ**に――。現在では、スピーチ指導や執筆、講演依頼など、日々仕事が広がっています。

さらに、この方法を多くの方に伝えたところ、

・副業で始めた仕事で本業の2倍以上稼げるようになり、OLを辞め夢の海外移住
・人から都合良く扱われたり、職場でも仕事を押し付けられたりしがちだったが、自分の思いや考えを表現できるようになり、いびられなくなった
・仕事で実践した結果、上司からの評価が上がり、独立して飲食店を経営

など、指導した1万人ほどの方がそれぞれ望む生き方を叶えていったのです。

いかがでしょう。「3秒言葉」は仕事をはじめ、人生までも変える力があるのです。

さて、心地いいWin-Winの関係は、たった3秒でつくれます。でも、この本にはもう1つ仕掛けがあるのです。それが、他人に対しての言葉だけでなく、自分自身にぜひかけてほしい言葉もお伝えしていること。今回は、ご機嫌でいられるためのモノの言い方として、2つの方向性の3秒言葉をご紹介していきます。

1つ目は、空気、人間関係、印象が変わる、無意識や心の動きを踏まえたちょっとしたテクニックを含む「相手に向けた声がけの言葉」。

2つ目は、自分の感情をないがしろにせず、気づきや本音を引き出して、自分にも相手にも寄り添うための「自分に向けた問いかけや励ましの言葉」。

本文ではこのように、相手と自分という2つの方向性から、実際の話し方や聞き方、そして仕事での活用法など、89のフレーズをお伝えしていきます。

これらを実践することで、自分らしさも相手らしさも自然と尊重しながら、まさにタイトルのままでいつもご機嫌な自分でいることが実現します。

最初から読み通してステップを踏めば、相手も自分も輝くコミュニケーションを体系的に理解できますし、もちろん興味のあるページからパラパラ読むのもかまいません。

ちなみに一番のオススメは、少しでもこの本を読んだら、3秒言葉を1つでも実践したら、結果どうなったか、どう感じたかを言語化、メモなど記録し続けることです。

それでは早速、ページを開いて、あなただけの最高にご機嫌な人生を始めてくださいね。

コミュニケーション心理ライフコーチ
麻生さいか

いつもご機嫌でいられる人のモノの言い方大全　もくじ

5 人の2タイプを見極めよ

6 相手が前のめりになる伝え方・話し方の簡単テクニック

4章 心地いい空間と良い関係性を生み出す「聞き方」の秘訣

5章 仕事の成果&ステージがグーンと上がる「モノの言い方」

エピローグ 相手と自分がいるから人生はさらに楽しくなる

ブックデザイン　喜來詩織（エントツ）
DTP　美創

プロローグ

「3秒言葉」で今日から仕事・人間関係・人生がガラッと好転!

お互いに気持ち良く「自分を通す」

3秒言葉についてお話しする前に、「はじめに」でも触れた、いつもご機嫌に過ごせるスウェーデンのコミュニケーションについてもう少しお話しさせてください。

スウェーデンでは、自主性を重んじる背景として、お互いを「別のいきもの」だと思っています。その「別のいきもの」とは、どのくらい「別」なのか？

「あなたはあなた、自分は自分」という考えのとらえ方が、日本とスウェーデンでは異なるように私は感じています。たとえば、**日本人が「自分はプードル、あの人はゴールデンレトリバー、上司は秋田犬」**くらいに思っているとしたら、**スウェーデンの人は「自分は馬、あの人は鉛筆、上司はパスタ」**くらいのイメージでいるように思えるのです。

だから、考えや希望が違うのは当たり前。恥でも、残念でも、問題でもありません。

例として、スウェーデンと日本でギャップを感じる2つの瞬間について、お話しします。**1つ目は、「断る」考え方、2つ目は「希望を叶える」考え方**です。

1 断るときは言い訳不要？　罪悪感なんてまさか、一切不要

日本では、誘いを断る際に「どう断れば良いかな」「関係性的に、無下に断るわけにはいかない」「先日、こちらのお願いを聞いてもらったから悪いな」などと悩みます。

でも、スウェーデンでは、断ることに罪悪感は不要。ただ「考えが違うだけ」です。

断る理由について「なぜ断るかの説明は必要ない」という人さえいます。誘った側からすると、断られた時点で相手の事情は関係ないのです。信頼を築くために理由を説明することも良いですが、どちらにせよ、その行動に対し責任を持つことになるだけです。

ただ、誘う相手と断る自分、その間にある違いは単に「お互いの見解が違っただけ」である。その事実は、非常にフラットに受け止められます。

2 自分の希望を叶えたい場合、遠慮、妥協は一切しない

「相手がそう思うなら、あれこれ言うのも悪いし、それでいいや」という日本的な妥協は、スウェーデンにはほとんど存在しません。一度、スウェーデンの友人のご家族の方が

お菓子を差し出したとき、私は全部もらえると勘違いしたことがありました。しかし彼女は、大袋から1つだけ、という意図だった。私が何度も「ありがとう」と言っても彼女はびくともせず、私はスウェーデン語がわからないのを知りながら、真剣に何かを言い続けました。その様子から「1つだけか？」と理解し、1つだけ取ったら彼女はただ満面の笑み。すみませんも良かったもなく、ただ普通の反応。言葉が通じなくても、相手が喜んでも、**自分の意向を伝えることは関して、一切妥協しない**のです。

たとえ子ども相手でもフラットに、ただ「1人の人」として尊重する。もちろん大人同士でも、この姿勢は変わりません。

今考えれば、日本への帰国直後、幼心に感じた違和感の正体はこれです。「スウェーデンでは、**『自分・相手・他の人たち。それぞれ1人ひとり』**のスタンスを日常の些細なシーンで常に感じた。それが当たり前で、じつは、とても気持ちいいものだったんだ」と。

圧倒的に自己確立していて、人と違うことを恐れない。自分も通すけれど、他人のことも心から尊重する。この姿勢がお互いにご機嫌でいられる理由なのかもしれません。

とはいえ、これはスウェーデンだからこそできることであって、日本の文化では通用しないのでは、と感じる方もいるかもしれません。

ご心配ありません。これからご紹介する3秒言葉は、これまで私をはじめ、多くの方が実践したうまくいった言葉ばかりで、適当な共感や、自己中心的なわがままではなく、真に「個」を尊重し、お互いのために理解しあう努力をしようというスタンスを自分から表明するものばかりです。

短い一言で、自分と相手の「当たり前」が変わる

ではあらためて、本書でご紹介する、89の3秒言葉についてお話ししますね！

3秒言葉とは、お互いの本音を見据えつつ、「場の雰囲気、印象、人間関係をガラッと変える、たった3秒ほどの短い一言」です。たった3秒で、今の「こうだよね」という当たり前を変えられるため、できることは多岐にわたります。

・場の雰囲気を変えて、仕切り直し、リセットをする
・自分の印象を変えて、理想の姿に近づく
・相手に理解してほしい事柄を自然に伝える

・自分の興味を伝える
・相手との関係性を望む形に変える
・自己肯定感を高め、気分が一気に良くなる
・自分の一歩深い本音を見つめることができる……

要するに、相手と自分の関係性や、お互いの心を一瞬で変えられるのです。

2つの「3秒言葉」で叶う新しいコミュニケーション

一般的に推奨されるコミュニケーション技法は「好かれる」ための共感や聞き上手のテクニック、「うまく伝える」ことで相手を操る説得の手法などが多いように感じます。

でも、私が強調したいコミュニケーションは「望む相手と理想の関係を築く」こと。そのための具体的な実践方法として2つの方向性の3秒言葉があるのです。

1 ▼相手向け3秒言葉――人との関係、コミュニケーションに対するアプローチ

2▼自分向け3秒言葉——自分の意識に向けたセルフコミュニケーション

相手だけでなく、自分にも向けたコミュニケーション。これが3秒言葉の大きな特徴であり、目指す目的は以下の2つになります。

1▼自分らしく、人と理想の関係を築くため
2▼自分を大切にして、さらに可能性を広げるため

1 自分らしく、人と理想の関係を築くため（3秒言葉の2つの目的[1]）

皆さんもご存じのように、日々の生活では、誰もが人間関係のなかで生きています。何も意識しなくても、人と関わった時点で、そこには1つの「関係性」が生まれますよね。

そこで、人と関係を築く際に重要なポイントを、2つ挙げてみます。

①理想の関係が、双方で一致していること

目指すのは、自分にとっても相手にとっても心地いい関係です。自分が満足していても、相手が不快ならば長続きしません。双方がご機嫌な関係の構築が大切です。

②真の自分で相手と関わること

一時的に良い関係でも、ガマンや無理をじわじわ重ねるとどこかで破綻します。自分らしい姿で、相手と関わりながら成長しあい、理想の関係を築くことが重要です。

いかがでしょう。このように双方にとって理想的な関係を築くには、自分らしさも相手らしさも大切にしながら、しっくりくる適切なバランスを見つけるのが大切になってくるわけです。

とはいっても、その絶妙なバランスが難しいという方も多いのではないでしょうか。そんなとき、こんな3秒言葉が、本音で良い関係を築ける第一歩となってきます。

たとえば、**相手向けの3秒言葉には、「私にどうしてほしいとかありますか？　参考までに教えてください」**というものがあります。これは相手に抱いている「望み」を直接聞くものです。「察する力を上げましょう」という言葉をよく聞きますが、察するのって難しいですよね。ならば、答えを持っている相手に、ダイレクトに答えを聞きましょう。

スウェーデンでは「あなたはどうしたいの？」と、いつも聞かれました。これと同様に「あなたは、私にどうしてほしいの？」と尋ねても良いと思いませんか？ いつも正直な答えを得られるとは限りませんが、この答えは相手と自分の関係を築く手がかりになります。

口に出して答えてもらうことで、相手にも自分の意図を意識してもらえます。そして、「参考に」と添えているので、そのまま従わなくても大丈夫。必要であれば、「たとえばこの状況では、どちらの行動が嬉しいですか？」と具体的に尋ねたり、「これは難しいのですが、こちらならできると思います」と提案したりするのも良い方法です。

大切なのは、意見を聞いた事実と、何がお互いに気持ち良いかを考えることです。

2 自分を大切にして、さらに可能性を広げるため（3秒言葉の2つの目的②）

「自分を大切に」というと、癒しや自己受容といった感覚になりがちです。

でも、私は**「自分を大切にする＝自分の持っているリソースの可能性、ポテンシャルを最大限引き出し、心から望む人生を歩ませてあげること」**だと考えています。

今の自分を大切にするだけでなく、未来の自分を見据えて、ときに優しく、ときに厳しく（ただし意地悪は避ける）自分を成長させる方法を考え、**短期目線・長期目線で、自分の可能性を最大化**してあげるのです。

たとえば、**自分向けの3秒言葉「ガマンは絶対に続かないから、お互いのために10年近く続く形を追求しよう」**は、自分を大切にしながら相手も大切にするための言葉です。

一時的に「ちょっとガマン」や「得のために利用する・される」のは悪くありません。明確な目的のためと割り切れるならば、それも良いのです。

私自身、ブラックを超える漆黒企業と呼ばれるところで複数社働いてきましたが、後悔はなく、心から感謝しています。なぜなら、厳しさのおかげで、多くのスキル、知識、考え方を一気に身につけ、自分を知る機会をもらえたからです。

「自分を大切にする」ときに大切にすべき物事は、目指す結果で変わります。リラックスや趣味に時間を使うだけがそれではありません。**経験や学びを通して、自身を成長させ、より素敵な人になるよう導くことも「自分を大切にする」こと**です。

でも、自分ばかりの満足ではダメ。どちらかの犠牲のうえに成り立つ未来では、関係性は続きません。**持続可能な形を最初から目指す**のです。自分を犠牲にしがちな人は、まず**「私はこう思っています」と主張する練習**をしてください。受け入れてもらえれば良い結果が出ますし、自分本位過ぎて人が離れるのも学びです。

単に相手だけ、自分だけを変えれば良いでは不十分。なぜなら、**人は関係性を持った瞬間から、影響を及ぼしあうから**です。相手への声がけ、自分への問いかけを通して、お互いのために理想を叶えることは、自分と相手から他の人、社会、そして世界の関係性に影響します。ご機嫌は、さまざまな関係性を通じて伝播していくのです。

次章以降では、こういった自分の主張がラクにできる方法もお伝えしていきます。

こうして、あらゆることがうまく回り出す

では、3秒言葉を用いて、あなたが今より人生を楽しみ、周りにも良い影響を与えるために大切な「人と理想の関係を築く際の心がまえ」についてお話ししますね。

理想の関係を築くための3つの心がまえ

1▼「好かれる」を主目的にしない
2▼「いつか誰かがわかってくれる」なんて甘えない
3▼良いも悪いも含めて、感覚、思考、行動、原動力を意識・意図する

1▼「好かれる」を主目的にしない

「人に好かれたい」という気持ちは、じつは「甘いものが食べたい」「寝たい」「温かい格好で暖を取りたい」のような本能に近いものです。

この本能の源泉は、私たちの祖先が仲間と協力することで生き残ってきたことに起因します。マズローの欲求5段階説で、1・2段目の生理的・安全欲求を満たすためには互助

が必要、「仲間はずれ」は死を意味しました。3・4段目の社会的欲求、承認欲求も人とのつながりや評価を求めるもの。しかし、5段目の「自己実現欲求」の追求でも、「好かれる」が最優先で良いのでしょうか？

「人に好かれる」はすべてではありません。ご機嫌な人生に必要なものを見極め、必要ならば、「人と素敵な関係を築くこと」に取り組みましょう。

2▼「いつか誰かがわかってくれる」なんて甘えない

「無言は美徳」の文化が日本にはあります。でも、理解を期待せず「わかってくれなくても誰も責めない」覚悟はありますか？　人間関係は本質的に平等で、相手があなたの機嫌を取る必要も、あなたが相手の機嫌を取る必要も本来はありません。

わかってほしいなら、相手のせいにせず「わかりやすい人」になることです。好かれても嫌われてもそれが真実と受け入れるために、伝える力を磨きましょう。

3▼良いも悪いも含めて、感覚、思考、行動、原動力を意識・意図する

感覚に良い悪い、正誤はありません。「あの人ムカつく」「自信がない」などの感情は、事実以上でも事実以下でもなく単に存在しているだけです。

同様に、相手の感じ方にも良し悪し、間違いはありません。**相手は、あなたと違う感じ方でかまわないのです。お互いの感覚を認め「どのように行動すれば、お互いにとって良い結果をもたらすことができるか」**を考えることが大切です。

この本のタイトル、**「『言葉』で人生を変える超実践メソッド」**とはまさに、**「気づきを言語化して、意識して、実践する」の流れを繰り返すことで、あなたの現実を変えてほしい**という思いでつけました。

たった1行、たった一言を目にしただけでも、それをきっかけにあなたのなかで何かが変わるかもしれません。気づきを書き出す、気軽に誰かに話す、あるいは、この本を一緒に読む仲間をつくり、3秒言葉を実践、結果を報告しあうのも良いかもしれません。

3秒言葉なので、毎日直感で開いたページを「3秒」だけ眺めて、気になったことを意識して過ごすだけでも、きっとあなたの人生は素敵に変わり続けるはずです。

それではさっそく1章からスタートすることにいたしましょう。

1 章

いつもご機嫌でいられる人は「本音で話す」ツボを知っている

心から思っていることなんて、口に出せないのが普通？

「本音をそのまま言えたら、ラクだよな」

と思いながら、0.5秒後くらいに食い気味で「ムリムリ！」と思ってしまう。

本当は「そんな話どうでも良くない？」「何が言いたいの？」「人のこと言えないよ」。言いたくても、そのまま言ったら嫌われそうなことばかり思ってしまう、あなた。

おめでとうございます！

なぜなら、あなたはいちいち「こんなことは言っちゃダメ」と気にするくらい、根が真面目で、空気が読める優しい人。だから、今まで努力してきたエネルギーを、違う方向にクイッと向けるだけで、**新しいご機嫌なコミュニケーション**を始められます。

あ、空気は読めてない？

大丈夫、「読めてなかった」と気づけるのは空気が読める証拠。あれこれ悩むくらいなら「空気なんて読まないでつくっちゃえ!」を一緒に目指しましょうよ。

もしかしたら、今までの自分のスタイルを変えるから、途中で「やっぱり本音なんて言えない」「思っていることをそのまま言って、失敗してしまった」と感じることもあるかもしれません。

でも、あなたがワクワクするのは次のどちらでしょうか?

1 ▼ 本音を言いあって、たまに、「うわ、傷ついた。でもそれこそ勘違いで〜す」と笑いあえる

2 ▼ 「素敵ですね」「恐縮です、むしろあなたのほうこそ……」と気を使って、上辺の言葉を並べあう

いかがでしょう。あなたは、どちらを選びたいですか?

次ページから、これらのなぞ解きをしながら、「ご機嫌でいられるモノの言い方」の第一歩について、まずはお伝えしていきます。

1 取り繕った行動は誰のためにもならない

あなたは本当に「正直者のバカ」？

ことわざ「正直者がバカを見る」

ずる賢い人はうまく立ち回って得をして、正直な人は損をする。あなたもこれを実感して、膝から崩れ落ちたくなったことがあるかもしれません。

「本音と建前を器用に使いこなして、いい思いをしてズルい……」

「偉い人の前ではお世辞を言って、裏では悪口を言う。そんな人が意外と出世する」

「皆が見て見ぬふりの問題に素直に言及したら、空気を読めない嫌な人扱い」

周りが建前を重んじるなか、本音で素直に生きるのって怖いこと？

ここで、ちょっと考えてみてください。あなたもじつは周りから、「あの人って、本音は何を考えているのかわからないよね」と思われてはいませんか？

「わざわざ波風を立てる必要もない」「周りのためにガマンしよう」と口をつぐむのに、悪気はないでしょう。でも、それが結果として声の大きな「ちょっとズルい人」に利益をもたらし、正直者が損をする社会をつくっているとしたら？

もしかしたら正直者がバカを見る社会をつくっているのは、じつは悪人ではなく、心優しい良い人たちなのかもしれません。

本当は、素直に生きていたら、隠すものも恐れもなく、自由にご機嫌に生きられます。

しかし、現実はどうでしょう。「素直」はどんなテクニックより最強なのに、「空気を読む」「ガマン」が当たり前。誰も「素直」を打ち出して生きる方法を知りません。

ラクなはず、皆のためになるはずだと信じて、本音を隠して取り繕った行動が、誰のためにもなっていないとしたら？　あなたのような良い人が「やっぱり本音なんて言わないほうが良いんだ……」と、そのせいで感じてしまっているとしたら?

そこで最初に、**素直でご機嫌に生きるための大前提**をお話しします。

否定を恐れると起こること

私たちが**無意識に「素直に思ったことを言ってはいけない」**と感じるのは、**「否定される」ことを恐れているから**です。

「本音を言ったら嫌われるんじゃないか?」「仲間外れにされるかも?」

このような懸念は、子どもの頃の経験が影響しているのかもしれません。

書籍『嫌われる勇気』(岸見一郎・古賀史健　ダイヤモンド社)はベストセラー、世界中の専門家による講演TED Talksのジャ・ジャン氏「100日間拒絶チャレンジで学んだこと」は1千万回以上再生など、多くの人が否定や拒絶を恐れ、乗り越えようとしています。

しかし、「否定されない」を最優先にすると、どうなるでしょう?

- 否定されるかもしれないから、思っていることは言わない
- 人と異なる意見は否定されるかもしれないので、誰かに追随する

何も言わず、人に合わせ、ことを荒立てず……そんなガマンの連続のなかで、ご機嫌に生きる？　私たちは何でもできます。だから、そんな大変なことはやめませんか？

2つの生き方、どちらを選ぶ？

ここで、2つの生き方について考えてみましょう。

1▼　周りに合わせ、「自分の思い」を真っ先に自分が否定。言わないために認識されず、思いが叶わない経験を積み重ねる。

2▼　周りを見つつ、「自分の思い」を自覚し表現。それが周囲からも受け入れられ、願いが叶う経験を積み重ねる。

1つ目は一見、波風を立てないコミュニケーションができるように思われるかもしれませんが、その後、ずっとガマンが続きます。2つ目は、良い状態になるまで時間はかかるかもしれませんが、最終的には素直に思いが叶っていきます。

大事なのは、あなたが「どちらを望むか」です。

素直に思いが叶う経験を重ねていくと、「人は話を聞いてくれて、世界は自分の予想より思いどおりになり、人にも世界にも愛されている自分は魅力的」だと感じます。

結果、いつもご機嫌で周りにも優しく接するので、皆も喜び、さらにあなたの世界は素晴らしいものになります。

「素直」が最強である理由は、それが心地よさをもたらし、自分も他人も世界も大切に思えて、美しい世界をつくり出す力を持っているからです。

ありのままの自分は〇Kなのか？

そのうえで、２つ目の「周りを見つつ、『自分の思い』を自覚し表現。それが周囲からも受け入れられ、願いが叶う経験を積み重ねる」生き方の実現には、次の２つの条件をクリアする必要があります。

1▼ 自分の良い点も悪い点も知ること

2▼ 素直な自分を、周りに受け入れてもらうこと

いかがでしょう。あ、勘違いしないでほしいのは、これらは残念ながら、「ありのまま

の自分でOK」「言いたいことを言っていれば皆に好かれる」なんてラクな話ではないんです。自分だけが得をしようとしたら、あなたが「自分勝手なズルい奴」になってしまうだけ。この2つを叶えるには、相応の努力が必要になります。

でも、本音を隠してこのままずっとガマンという努力をするのか、素直でご機嫌に生きるために努力をするのか。

ここまでお読みの方でしたら、素直でご機嫌に生きるための努力を選ぶ方が多いのではないかと思います。とはいえ具体的にどうしたら良いのかがわからないとき、ヒントとなる「相手に対して向ける3秒言葉」をご紹介しましょう。

相手向け

「私、嘘とか下手なので、最初から本音を言っても良いですか？（笑）」

本音のコミュニケーションを望むなら、はじめの一歩が肝心です。初対面ならば、この言葉も言いやすい。だから、最初に「嘘や建前は苦手」と伝えてしまうのです。

大切なのは、「求める結果を得るために、どんな言葉を使うのか」。

3秒言葉の目的は、本音のコミュニケーションの土台を築くこと。「嘘なし、ごまかしなし、本音を大切にする」という価値観を共有し、スタンスを明確にします。コミュニケーション関連の本には「相手を主語で伝える」と教えるものもありますが、ときに押し付けにも感じられます。「あなたは本音で話してね」なんて「怖い」ですが、「私、本音が顔に出やすくて、ごめんなさい（笑）」なら反感は持たれません。

嘘が苦手、すぐ顔に出る、何でも信じちゃう……好きな言葉でかまいません。素直な気持ちを言っていいから心地いい、相手も本音で話してくれてわかりやすい。これこそが、ご機嫌なコミュニケーションの始まりです。

自分向け

「思いを口にできないのは、自己保身じゃないか？」

初対面の相手に、「嘘が苦手」などと言うのはハードルが高いと感じる方もいますよね。素直に表現できない理由は、周りに気を使っているから？　いいえ、否定や受け入れられないことを恐れているからです。でも、安心して良い理由が2つあります。

1▼「相手に委ねて信頼すれば良い」から

あなたが素直であるように、相手にも素直である権利があります。あなたの言葉を受け、相手も相手なりに考え行動すると信頼しましょう。心配しなくて大丈夫です。

2▼「意見の否定は、あなた自身の否定ではない」から

たとえ意見を否定されても、あなた自身が否定されたわけではありません。意見と人格は別です。もしも相手が混同している場合、それは相手の問題です。

否定を恐れて思いを伝えなかった結果、あとで何か起きたときに、相手に対して「自分勝手」「人のことを考えない」「空気が読めていない」と心のなかで否定したくなるのは悲しいことです。

あなたが本音を隠すのは、気遣いができるからではなく、自己保身のためだったりして？　まずは、自分の本音を、自分が素直に受け取ると決めてみましょう。

2 最初はうまく言えなくていい。PDCAが改善の鍵

すべてのコミュニケーションには目的がある

相手とコミュニケーションをとろうとするとき、うまく伝えなければと思うのに、なかなかうまくいかない、といったシチュエーションも多いでしょう。

そんなとき効果的なのが、仕事で成果を上げるための「Plan（計画）」「Do（実行）」「Check（評価）」「Action（改善）」のPDCAフレームワークです。じつはこれ、コミュニケーションにも効果的であるのをご存じでしたか。

成果に対する評価や改善は、目的にそって進めるもの。

では、コミュニケーションの「目的」とは一体何でしょう？

たとえば「この人とこんな関係を築きたい」という意図、理想、仲良くなりたい、好き

になってほしい、さらには尊敬されたい、何かを教えてほしい、一緒に楽しみたいなどの動機があります。それにそって狙った成果を上げられれば成功、ダメなら失敗です。

そして、意識しているか否かにかかわらず、あなたも相手も何らかの目的を持って、人と関わっています。

コミュニケーションのPDCAで目指すのは、お互いの「この人とこんな関係になりたい」という思いが重なる状態です。

ポイントは精度より「速さ」

コミュニケーションには目的があるということは、1つひとつの言葉にも「目的」があります。普段「この目的のために、この言葉を使おう」と、その都度意識している人は果たしてどれくらいいるでしょう。努力しても自分の意図が相手に伝わらず誤解される、予想外の反応にショックを受けることもありますよね。

でも、**「人生の大部分は友情によりつくられる」**とアメリカ合衆国の元大統領リンカーンが言うように、人と関わり素敵な人生を送りたいならば大切になってくる、コミュニケーションスキルを向上させるPDCAをご紹介しましょう。

コミュニケーションのPDCA

P▼計画　「こんなことを感じてほしい」と目的を持ち、適切な言葉、行動を考える
D▼実行　実際に行動する
C▼評価　相手の反応、行動したことと相手の反応で感じた自分の感覚を確認
A▼改善　振り返り、人に聞いたり調べたりして、目的に合わせアプローチを調整

あらためてステップにすると難しそうに感じるかもしれませんが、**コミュニケーションのPDCAで重要なのは、精度より「速さ」です。**対話の雰囲気、関係性、印象は刻一刻と変わるため、「あれ？」と違和感があれば、すぐに変えてみれば良いのです。

最初から完璧である必要はなく、状況に応じてその都度できることから変える。

もっと言うと「変えることを目的に変える」くらいの気持ちでいいんです。早く話す、笑顔を増やす、逆に愛想を悪くする、違う言葉を使ってみる……。ポイントは、相手の言葉、表情、行動などの反応と、自分の気持ちの変化を観察する習慣をつくること。

具体的な方法については、のちほどご紹介しますが、会話では、その結果が直ちに目の前にあらわれるのでどんどん上手になれます。ぜひ試してみてください。

能動的な「理想・目的」でご機嫌になる

人と話すときは皆、無意識に「こうしたい」という希望を持っています。一方的に自慢話をされるとイライラするのは「お互いに同じくらい話したい」と思っているからです。無自覚でも、理想があるからストレスを感じるのです。大切なのは、

「こうなら良いな」という淡い理想を、しっかりと意識すること。

そうすることで、ストレスが消え自然と前向きになっていきます。え、なんでそんなことが起こるの？　というあなたへ。理想を意識するとご機嫌になれる理由を3つご紹介し

ますね。

コミュニケーションの「理想」を意識すればご機嫌になれる3つの理由

1▼「いつも能動的に選択した行動となり、希望が叶う」から
2▼「すべての瞬間が、コミュニケーションの力を高める過程になる」から
3▼「成長も幸せも感じられる」から

1「いつも能動的に選択した行動となり、希望が叶う」から

最初に「こうなれば良いな」を意識して、「自分は今、こうしよう」と決めて行動するだけで、もしも行為自体が「聞き役」「相手に従う」のような受け身でも、**行動はすべて能動的になります。自分で決めて行動をすれば、後悔はなく、ご機嫌**になれます。

2「すべての瞬間が、コミュニケーションの力を高める過程になる」から

理想と目的を持つことで、「思いどおり」「思ったのと違う」といろいろなことに気づけるようになります。渋い顔もしかめっ面も大笑いも、予想どおり、予想外の反応すべてがコミュニケーションの精度アップという素敵な未来への道のりになります。

3 「成長も幸せも感じられる」から

成長とは常に「今のままはダメ」が前提です。なぜなら、「今が最高」と幸せに浸ったら、成長の原動力はなくなってしまう……だから成長と幸せのバランスは難しいのです。

でも、能動的に行動すれば、「今回はこれができた」と幸せを感じつつ、「次はこんなこともできたら良いな」とさらなる成長への道を見つけられます。

うまくいくこともあれば、そうでないこともあります。しかし、何もかもが自分にとって必要な経験となり、向上のヒントにできるのは、すべての瞬間、何をしたら良いと思うか、自分はどうしたいかを意識して行動しているからです。

なんとなくガマンと不満の毎日ではなく、意識し、幸せを感じ、気づき、成長する日々を過ごしましょう。そうすれば気がついたら、ご機嫌に気分は上々になります。

さて、もっとご機嫌になるためにチャレンジをするときの3秒言葉は……。

相手向け

「うまく伝えられるか、わかりませんが」

「うまく伝えられないかも」と感じたら、そのままの気持ちを言葉にしましょう。この言葉を言えば、「一生懸命伝えたいことがあるんだな」「誤解されやすい話をするのかな？」と真剣に耳を傾けてもらえます。

自分では「上手に伝えられた」と思っても、相手が「よく理解できた」と感じるとは限りません。むしろ、自分が伝えることに慣れてくればくるほど、相手にとっては何がわかりにくいのかがわからなくなることがあります。

「上手に伝えられるかわからない」と言われていれば、相手からすると「ちょっとここがわかりにくかったので、もう一度教えてもらえますか？」と質問しやすくなり、結果的に理解が深まるかもしれません。

「うまく伝わらないかもしれないけれど、精一杯伝わるように伝えます」は自己卑下ではなく、正しい謙虚さです。理想は上手に伝えることですが、一生懸命届けようとする姿勢が伝われば、理解しようとしてくれる人はたくさんいます。

自分向け

「間違っても誰も困らない。とりあえず、自分から言おう」

「言おうかな？　うまくいかないかも？　やめておこうかな？」とあなたがあれこれ悩んでも、相手には、さっぱり伝わりません。的外れや間違ったことを言うのが怖い？　いえいえ、心配ご無用です。「あのとき彼はこう言った」なんて、数年後には誰もほとんど覚えていません。あなたの言ったことも相手はどんどん忘れていくはずです。

気にしているのは自分だけ。ものすごく重大なミス以外は、「間違えました」で許されます。たとえ失敗しても大丈夫。勇気を持って、自分から話し始めましょう。

3 インプットアウトプットは当たり前、大切なのはその後

どんなアイデアも活かせる理由

さて先ほどお伝えしたコミュニケーションのPDCAですが、その精度を一気に上げる方法があります。それが、

「コミュニケーションに熟達した人から、フィードバックを受ける」ことです。

「人とこんな関係を築きたい」「あの人のように話したい」「普段の自分のふるまいを変えたい」などの目標があれば、達成するためのアドバイスやフィードバックを、コミュニケーションに精通した人にお願いしてみましょう。

フィードバックとは「相手の行動に対して改善点を伝えること」です。私は営業で成果を上げるにあたり、アポイントごとに毎回、具体的な状況を共有して、先輩から「どうす

べきか」「どうすればより良かったか」のアドバイスをもらっていました。

「実践したい！」と感じるアドバイスはすぐに取り入れますが、時折「本当かな？」と疑問に感じる内容もありました。必ずしもコミュニケーション上手な人が、教え上手とは限りません。感覚的にできる人は、できない人の気持ちがわからないこともあります。

でも、たとえピンと来ないアイデアにも、2つの活かし方があるのです。

1 ▼ とりあえず、言われたとおりにそのままやる

私は尊敬する師匠やメンターの言葉は信じて行動します。すべてを知っていると思いますし、もしも試しにやってみて違ったならば、また変えてみれば良いだけだからです。コミュニケーションのＰＤＣＡで大事なのは速さ。正解がわからないなら、アドバイスを1つの選択肢として、まずは試してみれば良いのです。

2 ▼ 参考にしつつ、自分なりのアレンジを加える

経験者は、アドバイスから「この言葉が意味する背景や意図は？」と分析しましょう。すべてに従う必要はなく、1人、そう感じている人がいると知るのが大切です。

良いも悪いも未来の喜びにつなげる方法

じつは、わざわざフィードバックを求めなくてもコミュニケーションスキルが上達する方法があります。それが、**相手の無意識のフィードバックを受け取る**ことです。

相手は言葉にせずとも、「反応」で望みを伝えています。たとえば、一瞬会話が途切れたとき、話題を戻そうとしなければ「その話はもういいや」、目をそらしたら「他のことが気になる」、身を乗り出したら「もっと聞きたい」など、**目の前の相手の反応や態度はすべて、大切なフィードバック**です。これならイメージしやすいですよね？

話す、行動する、または何もしないという行動でさえ、周りに何かしらの影響を及ぼし、**生じる現実という形**で貴重なヒントやフィードバックをくれています。

残念ながら相性の悪い相手がいても、「この人とはうまくいかないのが現実。別の人と過ごすほうがお互いにとって良い」と気づけたら良いのです。なぜなら、そのおかげで今、必要な人と適切な時間を過ごすことができるかもしれないからです。

出来事から学びを得て応用しましょう。すべてはより良くなるためのヒントです。

答えより「問い」こそが自分を変えるキーワード

「ヒントを得られたとしても、結局、良い方向にはいかず、思いどおりにならない人生なんて嫌だ！」

確かにそうですよね。だからこそ、何が起こったかより、次の問いが重要です。

「この結果を、自分はどう感じているのか？　どうしたいのか？」

目的を達成できたか、予想どおりの反応を得られたかなどの結果ではなく、重要なのは、その状況に対峙したときのあなたの感覚です。

嫌われても良いんです。話が通じないと思われても良いんです。

喧嘩して「もう二度と会いたくない」と口走ってしまっても良いんです。

そのうえで、考えてみましょう。

その人にもっと好かれたいか、自分を好いてくれる人に出会いたいのか、自分が相手を好きになりたいのか。出来事や現実に意味はありません。出来事に対峙したときの感覚や解釈が、あなたにとって重要な意味になるのです。

「何を感じているのか？　どうしたいのか？」

この問いのもと、自分が求める望みを叶えていきましょう。

相手向け

「どれもこれも、今後のためになることばかりですね」

もし相手が落ち込んでいたら、この励ましの言葉をかけてみてください。

「生きているとさまざまなことが起こるけど、それが今後の糧になる」。この言葉に嘘はなく、相手も100％同意してくれるでしょう。

「知らぬが仏」という言葉がありますが、「知っても仏」が正しい姿勢です。

どんな内容でも知らなくて良いことなんてありません。自分の人生に必要か不必要を判断するにも、まずは知る必要があるのです。

知ったうえで、何を感じ、考え、どうしたいのか。すべてはあなたの人生をより素晴らしくするための貴重な経験になります。思いどおりになることはもちろん嬉しいですが、失敗も未来の成功へのヒントです。このようにポジティブな言葉で、前を向いて歩く力を届けましょう。

自分向け

「思ったのと違う……！」はチャンス

まずは違和感を覚えた自分に拍手！　何か問題があるとき、解決方法を見つけたいとき、第一歩目は違和感に気づくこと。そして、改善のプロセスは3ステップです。

1▼違和感を認識する
2▼解決のために、何をすべきかを理解する
3▼実践し、自分の望む結果を目指す

最初に何も気づかなければ、問題への対処、改善、解決はできません。まずは「思っていたのと違う」と気づくこと自体が、成功に向かう大きな足がかりとなります。

4 「人を褒める」よりも大事なこと

相手からも自分からもガッカリされる「ダメ褒め」

コミュニケーションの定番テクニック「人を褒める」。確かに、けなすよりは褒めるほうが良いかもしれません。褒めはコミュニケーションの潤滑油です。

でも、「褒めると、相手はあなたを好きになってくれます」という本を読んだ人に、「褒めると好かれるのか。じゃあ褒めよう！」と、何も考えずに上辺だけで褒められても嬉しくないですよね。次に挙げる3つに、あなたは心当たりがありませんか？

「ダメ褒め」3つのチェックリスト

1▼ 「相手はお世辞でも気づかない」とちょっとバカにしていませんか？

2▼ 褒めることで媚びていると感じ、自分を嫌いになっていませんか？

3▼ 対象を選ばず何でも褒めると、信頼性が低くなると気づいていますか？

1 「相手はお世辞でも気づかない」とちょっとバカにしていませんか？

「とりあえず褒めよう！」というとき、意識は相手ではなく自分に向いています。相手が素晴らしいかは関係なく、褒めて好かれたいだけ、自分が可愛いだけです。そのような褒め言葉は、「無理して褒めてくれているな」と相手にも見抜かれます。

2 褒めることで媚びていると感じ、自分を嫌いになっていませんか？

もしかして、「人を褒めないと、自分は好かれない」とうっすら思っていませんか？

「褒めてくれるから、あなたが好き」の裏にあるのは、「褒めてくれないなら、別に好きじゃない」。自分が好かれたいから、ちやほやされたいから褒めるというのは「邪心褒め」。真の褒め言葉は、相手の魅力に感動して、自然にポロリと言葉が溢れるものです。

媚びず、無理に褒めず、素直に人と関わり、好かれる人を目指しましょう。

3 対象を選ばず何でも褒めると、信頼性が低くなると気づいていますか？

手当たり次第、無差別に褒めると、言葉が「軽く」なります。

オシャレな人が、どう見てもオシャレに無頓着な人に「オシャレですね」と褒めていたら、どう思いますか？　褒め言葉の信頼性は失われ、その人は不誠実に映ります。

「褒める」は繊細な技術です。でも褒めるのって本来、とっても楽しいはずなんです。だって、相手の隠れた魅力を見つけて、心から素敵だと感じて伝えるだけで、喜んでもらえるんですから。是非、まずは素直に「素敵」と思える心を大切にしてください。

じつは、ほとんどの人が空気を読めるんです

なんとなく「この人は嘘をついている」とわかっちゃう方っていませんか？

適当なお世辞や人をバカにする気持ちは不思議とバレてしまうもの。理由は、人は本能的に敏感ないきものだからです。

私たちは皆、「良好な関係を築く、空気を読める人」の子孫です。大昔、人は、頭は良

くても体が弱く、1人では生きられず、群れで暮らしていました。そして、ユヴァル・ノア・ハラリ氏の『サピエンス全史』（河出書房新社）によれば、ホモサピエンスは認知革命と呼ばれる、想像上の概念を皆で信じる「妄想力」と協力で、生き延びたそうです。

一方、人と円滑に関われず、情報やリソースを共有できないのは文字どおり死活問題。私たちは遺伝的に見ても、他人の気持ちに敏感にできているのです。

そこで、「人は敏感ないきもの」を前提に、相手はさまざまなことに気づくと信じ、真摯に関わってみる。まずはあなたから、「適当に褒めても気づかない」などと、人をみくびるのをやめましょう。素直に相手を大切に思って人に接していたら、価値観の似た人が集まります。ご機嫌な人生は、気持ちの良い人間関係からですよね。

相手向け

「私、思ったことしか言えないんだけど、本当すごいと思う」

心から人を褒められるようになりたいなら、オススメのキャラクター設定は「思ったことしか言えない人」。

「褒められたら褒めなきゃ」と歯の浮く褒めを言い合う「褒め合い合戦」は疲れます

し、誰だってお世辞よりは本気で褒めてもらいたいもの。ならば最初から思ったことしか言えず、「本心から感動し、気づいたら褒めていた」がお互いに理想です。そんなに褒めたくなることがない？　ならば「自分がなりたい」「憧れる」観点ではなく、単に「すごい」と感じたらそう言うだけ、と発想を切り替えてみてください。理想や興味を横に置いて、ただ「すごい」。嘘がなければ、心から喜ばれますよ。

自分向け

「嘘はつかない」

適当な言葉や嘘をやめましょう。心理学者のクラウディア・マイヤー氏によると人は1日に200回嘘をつくそう。意識して嘘を数えたら、皆驚くかもしれませんね。嘘の目的は「自己保身」。ガッカリされ、周りの空気を壊すのが怖いのです。

ちなみにスウェーデンでは、「相手には相手の考えがあり、自分には自分の考えがある」という考え方がありました。よく考えたら、自分と違う意見を持つこと自体は問題がありません。押し付けや見下す態度が伴うと居心地の悪さを感じるだけです。

人は人、自分は自分。飄々と素直に伝えれば、「そうなんだ」と受け入れられます。

人を信じられるようになるために意識すべきこと

人は自分の鏡でもあるとはよく言われることですが、人を信じることは、自分を信じること。人を信じる自分を信じられなければ、そもそも人を信じるという行為自体が成立しませんよね。とはいっても、「人を信じることなんてなかなか難しい……」という方に、心の底から人と関わる喜びに気づいてもらえるよう、3つの誓いをお伝えしますね。

心の底から自分と相手を信じられるようになる3つの誓い

1 ▼ 人の良いところ探しに必死になる
2 ▼ 自分の価値観がすべてだと思わない
3 ▼ 相手には自分よりも適した人がいると信じる

1 人の良いところ探しに必死になる

必死になるべきことは「でっちあげ褒め」より「本気で褒めたい良いところ探し」。人の良いところを見つけると「素敵な人と関われる自分も素敵」と思えます。逆に「あの人は微妙だけど仕方なく関わる」では、自分も嫌いになってしまうかもしれません。良いところを見つけて、感動する。相容れないところは、それぞれの正義、癖、大切にしているものがあると一歩引く。自分、世界、人生に対して肯定的になる秘訣です。

2 自分の価値観がすべてだと思わない

良いところ探しと混同して、「あの人は嫌い」「あの人はダメ」などネガティブに評価することを禁止していませんか？　実際は、「ひどいことは思い放題」で全然ＯＫです。

「自分の価値観がすべて」と勘違いすると、他の人も同じように感じるだろうと考えたり、自分の思うことが絶対的真実と思えたりします。たとえば自分が、「人に対して『ひどい』と思ってはダメ」といった価値観を持っていると、それを強要する、自分や人へのおかしな正義感につながることも。どんな感覚も思想もあくまで持っている側の個人の価値観に過ぎず、事実とは無関係。「これは単なる私見」と心のなかで唱えるのが大切です。

3 相手には自分よりも適した人がいると信じる

たとえば、恋人と別れたいと思いつつ、「あんなダメな人と付きあうのは自分くらい」と思ってしまう方、安心してください。

あなたが別れれば、相手にはあなたよりもピッタリな恋人ができるかもしれないのです。逆に、あなたが別れないために、相手がそんな素敵な出会いを逃してしまったら？

時間はトレードオフ。何かや誰かに時間を使っている瞬間は、それ以外に時間を使えなくなります。あなたに「ダメな人」と思われながら時間を過ごしたら、相手は、心からその人を尊敬し、好きで一緒にいたいと思う誰かとの時間を過ごせなくなります。

恋愛に限ったことではありません。場合によっては、離れることが、今のあなたにできる最高の愛情表現です。

3つの誓いを心に留め、自分と他人を信じる心を育んでいってください。

相手向け

「あなただから助けられる人が必ずいる」

「自分なんて、何かを伝えても意味がない」と感じる方もいるかもしれません。でも、100人のうちの99人にとっては、「だから何？」となる意味を持たないものでも、たった1人の「この言葉に救われた」と宝物になる一言を言えるのは、あなただけかもしれません。実際、何年も何度も読んだ私の人生の転機になった本の1つは、インターネットの評価で星5つ中たった2つで驚いたことがあります。

人の感覚は1人ひとり違います。あなたの言葉を待っている人に届けてください。

自分向け

「私の感覚は私にとっては正しい。でも、相手とは一切関係ない」

先ほども申し上げたように、私たちはつい、物事について、皆も自分と同じように感じ、考えるだろうと思い込みがちです。「〝自分が〟感じているだけ」のスタンスを忘れてはいけません。「自分の感じ方」は自分だけのもの、相手の感じ方は相手次第。

そして、何と言われようと、あなたの感覚はあなたにとっては正しいというのも忘れないことです。誰かに「あなたはおかしい」と言われても、「あなたにはわからない」でOKです。たまに「わかるよ」と言われて「いやいや、わかってないくせに」と思うこともありますが、相手の「あなたのことをわかっている」感覚も相手のなかでは正しいわけです。あなたがとやかく言えるものではありません。

言語哲学者ルートヴィヒ・ウィトゲンシュタインの「きみがいいと思ったら、それでいい。誰かから何と言われようと、事実が変わるわけじゃない」という言葉は、愛情深く核心をついている、お守りのような金言です。

他人にわかってもらえないことでマイナスの感情が波打ったら、「誰もが皆、自分と同じように感じるとは限らない」と呟き、深呼吸でもして落ち着くことです。そして、ポジティブにもネガティブにも偏らない、ご機嫌な中庸の状態を意識しましょう。

5 メンタルがやられないための3つの方法

ストレスを減らして、ご機嫌エネルギーを大爆発

人との関わりには摩擦が付き物。思いどおりにならない、裏切られた……ときには人と関わるのをやめたいと思うようなこともあるでしょう。でも、人生の喜びの瞬間には人がいるもの。大切なのは人に対し「前向きな気持ちで、継続的に関わること」です。

メンタル弱めでも、人に対してポジティブであるための3つの方法

1 ▼ 誠実ならば、ストレスは最小限になる

2 ▼ ダメな自分も、ダメな相手も認めるから、すべてうまくいく

3 ▼ 相手に興味を持つと同時に、自分にもしっかり興味を持つ

1　誠実ならば、ストレスは最小限になる

人に対していつも誠実でいましょう。こう聞いて「聖人になんてなれないよ」と思う方もいらっしゃるかもしれませんが、これは、「良い人」であるためではなく、心の安らぎのためです。不誠実な人は、他人も不誠実なのではと疑い、不安になります。

ただでさえ、人間関係では考えることが多いのに、疑念や恐れがあると疲れます。素直、本音、誠実は心地いい省エネ。無駄に考えるストレスなど余計な労力を使わないことが、ご機嫌に人と関わる秘訣です。

相手向け

「と言いたかったんですが、違うんです……正直に言っていいですか？」

前に初対面での「本音」を使った言葉をご紹介しましたが、こちらはある程度関係性が進んだときの使い方です。つい相手の期待を察し、言葉を飲み込み、脊髄反射的に相手に都合良く返してしまうことってありますよね。大事なのは「伝えたくなったら、後から申告して本音を話すこと」。建前が続くと居心地が悪くなってきますが、

このように言うことで空気が変わりますし、距離感を仕切り直し、グッと近づけます。「本音なんて聞きたくない」という人はじつは少ないものです。皆、本心では本音を知りたいのに、様子を伺い、無難を装い取り繕うから、伝わるものも伝わらなくなります。とはいえ、相手が単に表面的な快適さを求めているなら、本音は求められないかもしれません。まずは「正直に言ってほしい」と思われる人になりましょう。

自分向け

「本当にこれでいいの？」

人に対して誠実であろうとするのと同時に、自分に対しても誠実でいましょう。本当は嫌だというモヤモヤや不満に対処せずガマンを続けたら、常に潜在的ストレスフル状態。怒りの沸点はどんどん下がり、「もう無理！」と早めに爆発します。爆発はキレるなどの攻撃とは限りません。「人といたくない」という逃避の形もあります。

常に自分に「本当にこれで良いの？」と問いかけ嫌なら変える、変えられないなら「これしかないから、これが最高」と覚悟を決めます。「変えられるかもしれないのに、なんとなくガマン」をやめて、ストレスを減らし機嫌良く過ごしましょう。

2 ダメな自分も、ダメな相手も認めるから、すべてうまくいく

ダメな自分を認めるとは、よく言われる「できていない自分でも良しとする」「ありのままで良い」という意味ではありません。「綺麗事ですまされない、自分のよこしまで怠惰な心、妬み、嫉妬などのドロドロした部分まで認める」ということです。

じつは、従来の経済学では、「人は自己利益のため、合理的に判断する」とされましたが、その後、行動経済学という学問に発展、人はむしろ合理的ではないとわかっています。

自分はダメである。でも相手もダメである。だけど、結局うまくいく。

人間関係は面倒で非合理的だと気づくのがスタート。「なんでそんなことにこだわるの？」も「意味はないけど、嬉しい！」も受け入れて、前向きに取り組みましょう。

相手向け

「本当は、こんなこと思っちゃダメかもしれないのですが」

面倒でダメな自分で、「思っちゃダメ」なことをついつい思ってしまうのが人です。自分勝手で冷めていて、ライバルに対しては「失敗すれば良いのに」などと嫌な奴にもなってしまう、それが人間なのです。

普段はお互い内緒でも、この言葉を言ってから、こそっと本音を打ち明けあえば、**「秘密を共有した仲」「ダメなところを知っている関係」**として心を開きあえます。

「じつは、同じことを思ってた！」「本音はそれだよね」など相手の反応はさまざまですが、「思っちゃダメかもしれない」と自分から最初に申告しているので、非難はされません。**関係が深まり、むしろ楽しさが増しますよ。**

自分向け

「そんなことを思っちゃうところが、また愛しくて最高」

非合理で自分勝手でも、そこが愛しくて最高と、まずは思いっきり認めたうえで、それで良いのかを考え、必要に応じてあらためましょう。

完璧な人は愛しくはありません。ロボット工学者森政弘氏の「不気味の谷現象」は、ロボットの外見が人に近づくと最初は好意的にとらえられるものの、あるポイントで不快感が生じ、その後、再び好感度が上昇するという概念です。同様に、素敵な人は魅力的ですが、素晴らし過ぎると嘘っぽく感じられ、人間らしさが欠落します。でも、さらに距離が縮まり、完璧でないダメな一面が垣間見えると、また心惹かれます。

ダメなところが「愛しくて最高」であることは間違いありません。でも、それで良いかは別問題です。あなた自身にとって、そんなことを思う自分は都合が良いか、素敵だと思えるか。そんなダメな自分になってしまう原因は何で、本当はどうなりたいのか。認めたうえで考えましょう。

3 相手に興味を持つと同時に、自分にもしっかり興味を持つ

コミュニケーションでは、相手の気持ちと同じように、自分の気持ちも大切です。**相手が楽しんでくれても自分が楽しくなければ、関係性は続きません。**相手の好みなどを知って喜んでもらう。そして同時に、自分の好みも満たしてあげましょう。

大前提として、他人は関係なく、自分の機嫌をしっかりと取って、自分を気分良くいさせてあげられるようにする。これがご機嫌の始まりであり、すべてです。

ご機嫌ならば、少々のことでへこたれず、自分に対して世界は優しいはずだと思って、物事をとらえるので、無駄に傷つかず、人のこともポジティブにとらえられます。

「どうしたら自分がご機嫌になれるか」に興味を持ちましょう。

相手向け

「人のことと同じくらい、私、自分のことも大好きなんです」

「自分が大好きです」だけだと自己中心的で稚拙に感じます。一方で、「人の役に立つ

のが大好きです」という自己犠牲を匂わすアピールも困ります。

そこで、「人のことと同じくらい、自分も大好きです」のスタンスを表明しましょう。意味は変わりませんが、前者と後者を入れ替えて、「自分のことと同じくらい、人のことも大好きです」だと、自分優先で鼻につくセリフになります。

「人のことと同じくらい、私、自分のことも大好きなんです」と軽く言えば、ちょっとわがままとも思われますが親しみやすく、ポジティブな印象を与えられます。

自分向け

「相手の本音を知る覚悟はできてる？」

人によって、求める関係性の深さは異なります。

本音を隠されるよりは、本音を知りたいと多くの人は思うもの。でも実際は、人の本音は自分同様、たいていひどいものです。心の声が、そのまま外に筒抜けだったら、人なんて嫌いになってしまうかもしれません。

ただ、そのうえで私は覚悟を持って、本音を知ったほうが良いと思います。なぜなら、本音で付きあえば、人は皆、人間味に溢れて面白いことがわかり、関係性は豊かになり、物事がシンプルになるからです。本音に目を向けないと、相手の喜びはわかりません。せっかくなら、表面的な言葉ではない本音で、嬉しい瞬間をわかちあいたいものです。

自分にも他人にも覚悟を持って本音と向き合い、気持ち良い関係を築きましょう。

2章

「どうでもいい人」より「いい奴」で自分らしさを存分に発揮する

なぜ、いい人じゃないのに、「あの人」は選ばれるのか？

「いい人のふりは慣れたけど、やっぱり自分って全然いい人になれない……」

元々すごく性格が良い人はそのままでいいでしょう。でも、「いい人」という名の「どうでもいい人」の気がして、周りから抱かれているイメージに違和感があったとしたら……。

周りに合わせてどんどん自信をなくすより、

いい人じゃなくても、「あなただから」と仕事を頼まれたり、選ばれたりするほうが嬉しくありませんか？

そのためにも、まずは、現実的かつ客観的に、等身大の自分を知ること。

そして、いい人をやめるなら、代わりに「差し出すもの」を決めること。

とはいえ「自分は普通だし、周りに与えられるものはない」なんて思わないでください。

そうなってしまうのは、

・自分で気づいていないだけ

・どこで、誰に、どんなふうにすれば、喜んでもらえるかがわからないだけ

・まだないならば、今からいくらでも、選ばれる理由はつくれるのを知らないだけ

です。自分づくりと一口に言っても、自分の「自分はこんな人」と思うセルフイメージの自分や「こんな人」と他人から思われている自分、この立場なら「こうすべき」という役割の自分、「こうなりたいな」という理想の自分。変えられるものと変えられないもの、好きと得意と才能と仕事。考えるべきことはたくさんです。

人は誰しも多面的。だから悩む。

でも、**それで人生が変わるとしたら面白くないですか？**

そこで2章では、「本当の意味での、自分らしさを発揮しながらうまくいく方法」についてお伝えしていきましょう。

1 いい人なんてやめちまえ！ でも……

2種類の「いい人」の天国と地獄

「あの人、いい人だよね」

という台詞はよく聞きますが、そもそも、表面的に「悪い」大人は少ないです。それは、「意地悪は損、いい人は得」と皆、経験的に知っているから。

でもじつは「いい人」は2種類にわかれるってご存じでしたか。

1▼ 一緒にいて心地いい「心が素敵ないい人」

2▼ 可もなく不可もなく無難な「どうでもいい人」

あなたは、どちらのいい人ですか？　ここで「自分は悪い人」と思う人はきっと、正直で素敵な人か、本当に意地悪な人のどちらか。

でも、「心が素敵ないい人」を目指して、気づいたら「どうでもいい人」になっている。ふとそう気づいて大ショック、なんてこともあるかもしれませんね。

2つの違いは「価値」「信頼」が置かれているポイントです。心根の良さなどの「人的資質」か、言うことを聞く都合の良さ、従順さなどの「機械的資質」かです。

前者は人柄や価値観、考え方など「人」としての性質が尊重され、一緒にいると気分が良くなったり、興味深く楽しい会話ができたりすることで、信頼されています。

一方、後者はニコニコと人に従うことを期待されます。意見や独自性は不要。従順に「イエス」と言うことを求められるのが、「どうでもいい人」です。

いい人戦略は無意識的ズルい最強戦略

「いい人過ぎて損をする」という言葉があるように、いい人は一見、相手のことばかり考える利他主義に思えますよね。でも違うんです。たとえ「どうでもいい人」でも、じつは「いい人戦略」は最強の処世術。次の3つのメリットに心当たりはありませんか?

「いい人」3つのメリット

1 ▼ 攻撃されず、リスクが最小
2 ▼ 問題があっても責められず、ポジティブな評価をしてもらえる
3 ▼ 仲間に入れてもらえる

1 攻撃されず、リスクが最小

いじめは理不尽に起こりますが、中心人物に従う**「いい人」は**、賞賛はなくとも**攻撃もされません。**可もなく不可もない「どうでもいい人」の目をつけられるリスクは最小です。

2 問題があっても責められず、ポジティブな評価をしてもらえる

失敗やミス、約束を守らないなども、いい人なら厳しく責められません。「いい人」相手では「やる気がない」「ナメている」などの批判もなく、謝るだけで「ぼんやりしている」「おっちょこちょい」「頑張ってはいる」など**肯定的評価のまま保たれます。**

3 仲間に入れてもらえる

ニコニコして従順ならそれだけで「あの人にお願いしよう」などと仲間に入れてもらえます。人は1人では生きていけないので、自然と受け入れられることは重要です。

いい人は損をする？　いいえ、いい人はたとえ「どうでもいい人」でも、リスクは最小、ベストではなくとも、とにかくベターです。私たちが無意識に「いい人」であろうとするのは、いい人のメリットを享受し、デメリットを回避するためなのです。

いい人ではなく、いい奴になれ！

さて、2の「どうでもいい人」は従順な機械的資質を認められていますが、1の「心が素敵ないい人＝いい奴」は、心や知性などの人としての魅力を認められています。

そのうえで皆本当の願いは、「どうでもいい人」ではなく、個性を愛される「いい奴」になることではないでしょうか。では、次に「いい奴」になる方法を考えていきましょう。

「どうでもいい人」でなく、「いい奴」として認められるにはどうすれば良いのか？

もちろん、「自分は自分は」と主張だけをしていたら「つながりたい相手」になれません。だから、相手の望みを叶える「どうでもいい人」をまずは目指しましょう。でも、「いい奴」になりたいなら、それで終わってはいけません。いい奴の条件は2つ。

1▼ 心の距離が近く、隠さずに本音を言う仲であること

「本音を言わないイエスだけの人」は警戒されます。「どう思う？」と尋ねられ、毎回「良いですね！」では「適当にノリを合わせているだけ？」と思われます。ときには本音を言い、人間らしさが垣間見えることで、心の距離が縮まり、信頼につながります。

2▼ 相手が喜ぶ空間になるように、貢献すること

重要なのは「イエス」と答えつつ、同時に相手を観察しながら知っていき、「イエス」の代わりに、相手が喜ぶ価値まで提供することです。たとえば、

・大きな笑い声で、場を盛り上げる

・知識が豊富で、相手の知りたいことを教えてあげられる
・考え方がユニークで、会話をしているだけで楽しんでもらえる

など些細なことで良いので、**相手に「イエス」以外の価値を提供しまくる**のです。

距離の遠いどうでもいい人は「イエス」と言うだけなので簡単。でも、距離感が近い信頼されるいい奴になるには、相手を知り、自分をさらけ出す必要があるのです。

そうすることで自分の知性、個性を出しながら、素敵ないい人になっていけます。

いきなり「いい奴」になるための2つの裏技

通常は**「どうでもいい人」→心が素敵な「いい奴」**というステップを踏みます。でも、どうでもいい人を抜かして、最初からいい奴を目指す裏技を2つ紹介します。

どちらもスタートは同じ。普通のいい人が多いなか、あなたは愛想笑いもせず無愛想。相手の言うとおりにもならず、マイナスの印象を持たれるかもしれません。

「ギャップ萌え作戦」

あるときふいに、無愛想から打って変わって満面の笑み。ギャップで、距離感をギュッと縮め、好感度をグッと高める狙いです。予想外の最高の笑顔にドキッ……この作戦の難しさは、**そもそも相手があなたを見ておらず、ギャップ自体に気づかれない**ことです。

「窮地の救世主作戦」

あるとき、ハプニングが起きて「いい人」たちが態度を翻し去っていく。悲しみにくれふと顔を上げたら、そこには無愛想なあなた。「何かできることはありますか？」の言葉に**「本当に自分を人として認めてくれていたのは、あなただけだった」**と気づく。

お察しのとおり、どちらも運の賜物ゆえ、**オススメは無難に「いい人→いい奴」**です。

自分向け

「今は、いい人やめようキャンペーン中！」

いい奴になるには、日々の習慣も大切です。

従順ないい人は、頼まれごと、誘われごとが増えがち。楽しくても、疲れることもあるでしょう。そんなときのオススメが「いい人禁止キャンペーン」。わざとノリの悪い反応、鈍感風、即答イエス禁止など、脊髄反射的「いい人」をやめてみます。

「いい人」リアクションは、クセの一種です。本心をさらけ出し、個性を発揮するために、まずはキャンペーンなどと銘打ち、本音を振り返る習慣をつくります。

注意点は、自分が周りからどう見られているかの客観的分析を怠らないことです。思ったより、そもそもいい人だと思われていなかったら、「感じが悪い人」になり過ぎてしまう可能性があるので、お気をつけてくださいね。

相手向け

「でも、実際は結構、本当にいい人ですよね（笑）」

心から悪人でいたい人は、ほぼいません。また、本心から他人と距離感を遠く保ちたい人は、逆にすごくいい人のふりをする人が多いです。つまり、感じを悪くしている「本当はいい人」とは、この言葉で心の距離を近づけられるのです。さらに「いい人だと思われている」と思えば、いい人であろうとしてくれるので、一石二鳥です。

2 なぜ、現代の「共感」至上主義で、自己肯定感がダダ下がるのか？

自信がなくなる「共感」と、周囲とともに力がわいてくる「共感」の違い

世界は「いい人」で溢れ、肯定する文化が広がっています。現代はまさに「**共感至上主義**」時代といえるでしょう。でも、共感には意外な落とし穴があるのです。
まずは、2種類の共感についてお話しします。

1▼ **人の感情や意見などがわかる**（理解の共感）
2▼ 1がわかったうえで、「**自分も同じ**」**と伝えて寄り添う**（同調の共感）

問題は2の「**同調の共感**」**の強制**です。日本は島民族。異質＝敵と見なす排他的傾向が強く、ともすると「共感」が「同調圧力」と混同されがちです。このため「同じ」を強要し、異なることを警戒するなど、じつは恐ろしいことが起こります。「自分と皆は同じ」

であることを重視する傾向が強く、他者との境目が曖昧で、自己（アイデンティティ）の確立ができていないため、他人との違いを楽しめない人が多いのです。

とはいえ、スーパーコンピューターによれば、生き残るために最適な正答率は85％。15％は誤りや新視点が必要だそうです。ハチが蜜に向かうとき、皆が同じように正解を追い、途中に天敵がいたら、種族として絶滅の危険があるという例がありました。私たちは、違いによって生き残ってきた存在。異なることにこそ価値があるのです。

それなのに「個性が大事」と多様性を謳いつつ、価値観が合わない人を排除、「マジョリティが正義」で周りとうまくやれないと肩身が狭い……史上最高に生きにくい状態です。共感の盾を振り回され、周りに合わせるために本心を外に出せずねじ曲げざるを得ず、結果的に自己否定を積み重ねる。そんな文化では、当然、自己肯定感が下がります。

そんななか、ご機嫌に生きるには？　まず自分を認める。そして、認めたら認められるというような駆け引きではなく、周りと違っても同じでも、ただ「自分であり続ける」という最高の武器を手に存在する「自分」を目指すことです。その一歩目となるのが次の言葉、

相手向け

「私、共感とかというか、苦手なんです。あんまりわかんないかな（笑）」

自分から共感がわからないと告げ、共感を求められない前提をつくりましょう。嫌われそう？　そう、「嫌われるかも」への挑戦もご機嫌のスタートなんです。

この言葉は「都合良くは動きません宣言」。「いい人戦略」は無難ですが、自由のために「共感がわからない」と言い放つことで、嫌われるリスクも生まれます。この立ち位置で生きるには、共感以外で自分と関わるメリットを感じてもらう努力が必要です。

相手の反応は、自分の評価を示すバロメーターです。

パターン1「へーそうなんですね（苦笑）」→失敗。まだ共感にしか価値を見出せてもらえていないか興味を持たれていません。人に寄り添いつつ、個性を磨きましょう。

パターン2「そうなんですか？　むしろ共感が得意そうに見えますけどね」→まあまあ。自由を求めるならば、だんだんと共感至上主義から抜け出しましょう。

パターン3「でしょうね！　でも、あなたのそこが面白いんですよ！」→成功。すでに共感がなくても周りから認められています。今の方向でいきましょう。

さて、今のあなたは、そしてこれからのあなたはどんなスタンスで生きますか？

自分向け

「合わせなくても、当たり前に愛される」

「自分は周りに合わせるから好かれているだけで、合わせなければ嫌われてしまうのではないか」と不安なら、この言葉を自分にかけてみてください。遺伝子の組み合わせから考えて、同じ両親でもあなたの生まれる確率は約7兆分の1。そんな確率で生まれてきた奇跡の人ですから、あなたは「そのままで愛されて当然」。

問題はその素敵さが、喜んでもらえる行動など他人に価値ある形で表れているかどうかです。ピンと来なければまず、「こんな私は素敵」と思える行動を考えましょう。

自己肯定感を下げながら「いい人仮面」をかぶる練習をするくらいなら、「いい人仮面」をかぶらなくても愛される自分になるための奮闘をしたほうが良いと考えます。どちらも簡単ではありません。でも、自分が素敵だと思える自分で、人からも愛されるための努力なら、失敗しても大変でも、ワクワクしませんか？

3 一目置かせる自分戦略

不戦勝、天上天下唯我独尊を目指せる3つのわけ

一目置かれるとは「自分より優れていることを認め、敬意を払うこと」。でも、あえて今回打ち出した「一目置かせる」で目指すのは、「自分VS他者の勝負」からの脱却です。人と比較される状態は、どこまでも競争が続きます。「勝ちたい」「負けたくない」ではなく、理想は相手に戦う気を持たせない存在。挑まれてしまった時点で失敗です。仕事の成果は数値化できますが、人の魅力は上下で表せません。理由は3つです。

人の魅力は絶対的上下で測れない3つの理由

1 ▼ 「対極の要素がどちらも魅力的」だから

2 ▼ 「人は複合的な要素でできている」から

3▼「時と場合で自分は変化し、時と場合で評価軸も変化する」から

1「対極の要素がどちらも魅力的」だから

人の魅力には対照的な性質のものがあります。たとえば「真面目↔お調子者で楽しい」「安定↔挑戦」「単純↔ミステリアス」など、性質は良し悪しで単純に二分はできません。

2「人は複合的な要素でできている」から

人は多様な要素でできています。たとえば、日常的にはルーティンを好むけれど、新しいものに対しては興味を持つというように、相反する性質が1人のなかに存在します。

3「時と場合で自分は変化し、時と場合で評価軸も変化する」から

時と場合で、人は異なる一面を持っています。また、評価ポイントも変わります。たとえば、1人だと控えめでも、友人といると積極的な人もいます。真面目な席でワーワー騒いだら迷惑だけれど、パーティーでは周りを巻き込む元気な人が必要です。

人は魅力的な複数の要素を持ち、多面的です。また、状況によって求められるものも変化します。だからこそ、評価を気にし過ぎずに、むしろ、比較の上下で評価される浅い人ではなく、「一側面では測れない深みのある人」を目指しましょう。

代替不能ですでに最高、誰もが天上天下唯我独尊なのです。

つまらない人が劇的に面白い人になる2つのポイント

一側面では測れない「深み」とは、端的に言えば「面白さ」です。

お笑い的な要素も悪くないですが、新しいアイデアやユニークな経験、予想外の行動、破天荒な性格など、他の人にはない特別な要素を持っていることで生まれます。

人がコミュニケーションをする原始的理由は情報交換です。昔の人は生き延びるために、知識や経験を他の人から学ぼうとコミュニケーションをとっていました。だから、私たちは本能的に、「知らないことを知っている人」「自分の持っていない何かを持っている人」に興味を持ち、面白い、関わりたいと思うのです。

でも、自分だけが特に持っているものはないと感じたときの対策が2つあります。

1▼もっと周りを観察して、違いを考える

「自分は普通で面白くない」と感じるのは、周りを見ようとしていないから。だから、違いがわからないのです。必ずしも「自分を知る＝自分の深掘り」ではありません。むしろ、独自性や価値のヒントは周りから得られます。ぼんやり見たらすべて赤い果実でも、イチゴ、リンゴ、さくらんぼと、それぞれ魅力があるものです。

2▼周りがしていない新しい経験をし、学び、言葉にする

自分の持つものが周りと同じなのは、経験していることが同じだからです。意識的に違うことをすれば、新しい知識や経験を得られます。たとえば、皆が北海島に行くなら沖縄に行く。それだけで、「どうだった？」と興味を持ってもらえます。

自分と似ている人が好き？　いいえ、むしろつまらなくないですか？　重なりあう・重なりあわない、予測可能・予測不能の絶妙なバランスが魅力的なのです。

相手向け

「第一印象ではこう見えましたが、意外と〇〇ですね！」

相手の魅力やキャラクターを考える際は、相手の「意識」と「無意識」を考えます。

1 ▼ 相手の意図を汲み取る

相手が工夫して、自身をどう表現しようとしているかの意図を汲み取りましょう。

2 ▼ 意図の意味を認識、理解する

見た目と内面でわざと真逆の印象をつくる人もいます。たとえば、派手な服装だけど内向的な人には、ギャップに理解を示すと「わかってくれている」と喜ばれます。

3 ▼ 無意識的な前提を考える

印象には無意識が表れます。たとえば見た目に無頓着な人には2つの傾向があります。

1、人にどう見られるかなどが気にならず、空気が読めない派

2、見た目ではなく中身で評価してほしいから、あえて見た目に気を使わない派

「どんな自分に見せたいと思っているか」を探りつつ、相手の意図するキャラクター

を確かめます。表向きに見える姿と望む印象の違いから、相手は本質的にどんな人でどんな関係を望んでいるか、それに対して自分はどうしたいのかを考えましょう。

自分向け

「他人の見ている姿が自分になる」

「自分はこんな人！」と信じるあなたと、周りが「あなたはこんな人！」ととらえるあなた、どちらが本当のあなたでしょう？

自分が感じるあなたの姿を体感しているのはあなただけ。一方、周りが見ているあなたは、世界にとっての「あなた」です。実際、あなたという存在を認知し、定義するのは周りなので、正解は後者。「人の目に映る姿」が真の自分です。

自分では大人しいと思っていても行動派だと思われているなど、ズレがあるのは普通。むしろ「自分は他人にこう見える」という印象を積極的に活用しましょう。

深層心理は、自分の意識より、周りから見える行動に顕著に表れます。自分の本質を、他人のほうが知っていると思えば、関係性のなかで変化する自分を楽しめますよ。

4 2つの「自分らしさ」の正しい活かし方

自分の持ち味、どう料理する？

先に「人と勝負をしない」と書きましたが、だから「人とは比べなくて良い」と思っている方はいませんか？　人格に勝ち負けはないですが、一定の方向で結果を出すには、比べることは必須。コンクールで全員がグランプリなんておかしいですよね？

「そもそもオンリーワンなんだから、ナンバーワンを目指すには？」の視点が大切なんです。人は「違い」が魅力と話したように「差異」は大きなヒントになります。その差異があるからこそ、「自分らしい」自分でもっと活躍できるのです。

ところで、あなたは自分の持ち味、素質を知っていますか？　ある特徴について、人より優位性があると「適性がある」とされ、その優位性のある性質を「特性」と呼びます。特徴に適性に特性？　少し難しいですよね。例を挙げながらお話ししましょう。

特性は主に2つにわかれ、活かし方次第で上手に「自分らしさ」を演出できます。

身体的特性▼物理的な「体」による特性。体格、声、顔の造作、足の速さなど。なかなか変わらないので、変化させるより、どこに合うかを見極めることが大切。

精神的特性▼心理・感覚・思考回路など「心」に関する特性。自信の有無、好き嫌い、ストレス耐性など（身体の影響、脳という器官特性でもあるが精神に大別）。環境、経験で大きく変わるため変えやすい方向を見極め、トレーニングするのが大切。

たとえば、声が明るいと教育やサービス業で好評を得られます。私は声が明るく、音楽講師として子どもたちに人気だった一方、営業では声が説得力を欠く一因になりました。ただ別の活かし方として、声のおかげでキツいことを言っても怖くなりません。

辛味スパイスを加えればどんな食材も辛い料理になります。でも元の素材がみかんなら、辛くするより、生のままや甘酸っぱいデザートのほうが魅力が引き立ちます。

ポイントは、どのように持ち味を活かし、「特性」にするかです。

キラッと際立つ魅力的な自分らしさをつくるための3つの手順

1▼ 自分の性格や特徴をリスト化する
2▼ 要素に背景を追加する
3▼ 特に強調、控えめにする要素を決めて「自分のキャラクター」を打ち出す

1▼ 自分の性格や特徴をリスト化する

自分の性格や特徴をまとめましょう。自分らしさを演出する際に、強調する部分・控えめにする部分を考えるため、自分が持っている複数の性質を列挙します。

2▼ 要素に背景を追加する

各特徴が生まれつきか後天的か、要素にまつわるエピソードなどを書き添えます。

3▼ 特に強調、控えめにする要素を決めて「自分のキャラクター」を打ち出す

キャラクターをつくるにあたって、特に強く前面に打ち出す要素を決めます。元気、知的、普段は大人しいけど話すと熱いなど、自分が元々持っている部分、褒められる部分など、複数でも良いので、打ち出す要素と、あまりフォーカスしない要素を決めましょう。

自分の本来の性質と、見られ方の傾向を知ったうえで、負担なく実現できる、周りにポジティブな影響を及ぼす魅力的なキャラクターを考えるのです。

ストレスこそが、活躍できるポイントを教えてくれる

身体的特性は見ればすぐにわかる一方、精神的特性は目に見えないため、自分でも気づきにくい部分。でも、じつは精神的特性こそがキャラクターづくりには重要なのです。

1つの大きな指標は「ストレスが溜まるポイント」。

ストレスなんてただの敵？　いいえ、ストレスは自分の得意や興味を見つける鍵です。

得意なことは無意識にできるので、できない人を見て、「なぜできないのか」とイライラします。努力してできるようになった場合は、「なぜ努力をしないのか」とイライラすることもよくあります。逆に、ストレスが溜まらないことも素晴らしい特性です。

いろいろなことに挑戦し、他の人を見て比べながら、「自分はこれが得意かもしれない」

「自分はこれが好きかもしれない」と、特性の活かし方を考えましょう。

好きと得意と才能の違い

特性について話すと、「好き」「得意」「才能」というキーワードがよく登場します。

「好き」には適性がある可能性が高いです。なぜなら、感受性が高いと成長や差を感じられて、面白みや深みがわかるからです。とはいえ「好き」と「仕事になる」は別。たとえ音楽が大好きでも、世間で認められる形の才能と需要がなければお金にはなりません。

では才能は？　素晴らしい才能を持っていても、その分野で技巧を磨かなければ形になりません。才能開花には、才能がある以上に、教育環境、運と縁が必要です。

逆に今の「得意」だけが「才能」とは限りません。私の場合、人生哲学を学んだ東京藝術大学ピアノ科の元先生に「音楽の才能がある」と言われ音大に進みました。でもその後、口下手でしたが、お金目的で選んだ仕事で話術を磨いて話すのが「得意」になりました。ピアノの技巧を磨くプロセスは、コミュニケーションにおける言葉がけのタイミングや感情の分析、執筆や詩作の美しい言葉磨き、投資の相場分析とも似ています。すべては直感×分析、感性×論理、右脳×左脳をフル回転させる才能だと考えています。

また、「好き」の感情よりむしろ続けられる物事には適性がある可能性が高く、努力の末、結果が出てあらためて「じつは他の人と比べたら好きかも」と気づくこともあります。

好き嫌いも得意不得意も、才能や特性も多様な要因で変化するもの。「好き」は「才能直結」とは限らず、得意は適性がなくても努力で圧倒的に光ることもあります。

経験や学びを通じ、可能性を磨く努力が、「自分らしい」ご機嫌な自分への鍵です。

相手向け

「私はどんな性格だと思いますか？なぜ、そう思うんですか？」

自分が人からどう見られているかを知るのは大切です。

自己分析で使われるジョハリの窓のように「自分も他人も知っている自己（開放の窓）」「自分は知っていて他人は知らない自己（秘密の窓）」「他人は知っているが自分は知らない自己（盲点の窓）」「自分も他人も知らない自己（未知の窓）」が皆あります。

私自身、自分の論理的な部分に人は魅力を感じてくれていると思ったら、「何を言っているかはわからないけど、楽しいから好き！」と言われ驚いたことがあります。

セルフイメージと他人からの印象は違います。異なる関係性や立場の人に印象を尋ね、自分も知らないさまざまな側面を発見、自分を理解しましょう。

自分向け

「私はこんな人。こう思われていて、こう対応する、こんな人間」

理想の自分を毎日宣言すると、信念になり一貫性が生まれます。ポイントは3つ。

1 現在の自分にプラスαを加えた、「現実的な理想の自分」の姿を言い聞かせる

2 忘れないように毎日宣言して、迷いや悩みが生じたときの行動の指針にする

3 新しい価値観や目標が生まれ「もっとこんな自分が良いな」と感じたら、更新

目指す姿を明確にして、日々意識します。自分に対して愛情を向けて、「目指す姿になろうね」と声をかけ成長を楽しめるようにするのが、このアファメーションです。

5

言葉よりまずこの「3つ」を意識せよ

だからあの人は優しく賢く見える

「あの人って優しい！」「あの人って賢い」と思うとき、どこから印象を感じていますか？

多くの人が見過ごしがちな言葉の印象を左右する3要素についてお話しします。

見過ごしがちな3つのチェックリスト

1 ▼ 「声質」が優しさと信頼を生む

2 ▼ 「間・速度」で知性が決まる

3 ▼ 「雰囲気」が関わりやすさを決める

1 「声質」が優しさと信頼を生む

声は、コミュニケーションにおいて重要な役割を果たします。

私は声で何度も成果を上げてきました。音大の副専攻で声楽、シンガーソングライター、ボイトレ講師……知識を活かし、テレアポ1日600件で1件も取れなかったアポイントが10件取れるようになりました。プライベートでは声を変え、急にモテたこともあります。経験から、声が人と関係を築く際に重要な役割を担っていると知ったのです。

話し声で大事なのは、「受け入れ声」「放ち声」の2つの使い分けです。

受け入れ声：柔らかく深い響きを持ち、安心感を与える丸いイメージの声。この声は、ラジオの深夜番組やカウンセリングなどでよく使われます。

放ち声：エネルギッシュで鋭い響きを持ち、空気の漏れが少なく、強い印象の声。この声は、ライブパフォーマンスや演説などでよく使われます。

インタビューでは受け入れ声で質問すると「受け取ってくれる」と安心して答えてもらえます。逆にプレゼンなど熱意を届けるなら、放ち声がズバッと印象に残ります。

受け入れる優しさも、引っ張る強さも信頼です。声で狙う印象を届けましょう。

2 「間・速度」で知性が決まる

間…「間」は言葉と言葉の間に存在する時間です。

重要なことを伝える前には「間」が大切。ヒトラーも演説の初め、人々が静かになるまで待ち、「間」を使って「何を言うのかな？」と耳を傾けさせたそうです。

速度…「速度」の印象は内容とともに刻み込まれます。大切なことはゆっくり、あるいは速めの口調で何度も繰り返すなど、バリエーションを持たせます。

間・速度の調整の前提となる「内容の優先度を見極める力」には知性が出ます。

3 「雰囲気」が関わりやすさを決める

関わりやすさは無意識に誰もが感じる、「醸し出す空気感」で決まります。

「関わりやすい」と感じられることが必ずしも良いわけではありません。「このくらいの距離感が良いな」とお互いに思えるところが双方のご機嫌ポイントです。

相手向け

「今日は初めての方も多いので、しっかりめにお話ししますね」

状況、関係性、スタンスを伝えるには、声や立ち居ふるまいだけでなく、どのような表現をしているか言語化して伝えても良いです。今はどのような場で、どう反応すべきか、普段とはどんな違いをあえてつくっているかを伝え、本音と誠意を示します。

自分向け

「自然体という状態を、演じる」

表現力の幅と同時に大切なのが、いつでもフラットな「自然体」になれること。音大ピアノ科出身の私が最も苦労したのは、「力を抜くこと」。余計な力が抜けると美しく響く音が出ますが、「自然体」こそ意識的に実践するのが最も難しいのです。

コミュニケーションも同様で、無駄に力が入ると自分も相手も疲れるため、あらゆることを意識しつつも無気力ではない「リラックス」の身体感覚を自覚するのが大切。長期的に付きあうなら、自然体で余裕のある、ご機嫌な人が一緒にいてラクです。

6 言葉とのかけ算は〇〇が最重要

実際のところ、人は見た目が10割だけど……

メラビアンの法則は、コミュニケーションにおけるウェイトが、視覚情報が55%、聴覚情報が38%、言語情報が7%であるという心理学の法則です。でも、実際のところ、第一印象は「見た目が10割」と思って間違いありません。

とはいえ嬉しいか悲しいか、見た目は身体的要素など先天的に決まる部分も多いです。さらに、映像で自分の動く姿を初めて他者目線で見ると、印象、見た目、動きなどが、自分の思っていたものと違うと感じ、衝撃を受ける人がほとんどです。

大事なのは変えられる部分、変えられない部分を把握し、印象をつくること。普段、周りから見えている自分のイメージを知り、**理想の姿を目指しコーディネイト**すること。

最も威力があるのは「服装」です。私は服装を変えて、営業成績が劇的に変わりました。パステルピンクのふわっとしたワンピースで100人以上会っても、すべてダメ。先輩のアドバイスで、タイトなシルエットに原色の大柄ワンピース、おでこ全だしオールバックにしたら、相手から興味を持たれ始め、3か月で成績ナンバー1になりました。

重要なのは、パーソナルカラーや似合うかより、醸し出したい雰囲気から「どんな服を着るか」を考えることです。「見た目で人生は変わるんだ!」は大革命でした。

見た目を変えるのにはもう1つ効果があります。それは「自分が変われば、周りが変わる」を瞬時に実感できること。変化の楽しさを知り、さらに一歩を踏み出せます。

相手向け

「私、わかりやすいってよく言われるんですが」

見た目で特徴付けて「自分はこんな人」とわかりやすく提示してあげましょう。

ミステリアスは魅力的である一方、不信感を生みます。人の性格は複雑なので「わかりやすいと言われる」と申告すると「見たままの人なんだ」と安心してもらえます。心の奥底はわからない。でも「わかりやすいと言われる」と伝えたうえで「あれ？この人は意外と深い？」とポジティブに感じてもらえたら、より素敵ですよね。

自分向け

「（自分に関して）見せたい自分を見せるのは、愛」

見た目だけ着飾るなんて自己欺瞞《ぎまん》。内面が伴わないから意味がない？

その気持ちもわかりますが、私のオススメは「見せたい見た目をつくる」。それでも本来の人柄は滲み出ますし、どんなときもあなたであることに変わりはありません。

さらに、望む見た目だと気分が良くなります。「今、自分は魅力的かも」と思えば、人から良い対応をされると思えて、人の良い面に気づけます。普段の自分で無力感から卑屈になるより、理想の見た目で良い気分のほうがずっと良い人間関係を築けます。

ご機嫌はあなただけの問題ではありません。周りへの最高の気遣い、そして愛です。

7 役割・役柄をお互いのために適切に演じる

あなたも私も、すでに名役者

あなたは役者ですか？　案外「そうかも……？」なんて思う方もいそうですね。

シェークスピアは劇で「この世はすべて舞台、男も女も皆役者に過ぎぬ」と言いましたが、実際、私たちはいつでも無意識に「役割」を演じています。

性格心理学で、性格は次の4層からなるとされます。

1 ▼ **気質**──根本的な性質
2 ▼ **狭義の性格**──生まれてから発達期の終わり、12歳頃までに形成された性格
3 ▼ **習慣的性格**──文化、受けた教育、両親の価値観などで形成された性格
4 ▼ **役割的性格**──会社、学校など環境や社会の価値観で形成された性格

この4つ目の役割的性格が、人間関係を築くうえで非常に重要です。関係性を築くとは、友人、家族、上司、受付、赤の他人……何かしらの役割を背負うことです。

大切なのは、お互いの「役割」を認識し、適切に演じること。たとえば、仕事のコミュニケーションでは、役割への「認識」「定義」「前提」が違うと問題が起きます。

たとえば、上司は部下を従わせたいのに、従わない場合、部下側は、「指導される立場だと認識していない」「部下は上司の言うことを聞くという前提がない」「部下という役割より、経験豊富な人材など別の役割を重視」などとらえ方が異なるかもしれません。違いを解消するためには話し合い、役割、定義の認識をすりあわせる必要があります。

反応が予想と違ったら、どの認識が違うのかを考え、相手を理解するために言葉を尽くしましょう。言わずにわかる？　もったいぶらず言いましょうよ。わかってもらう努力、相手を理解する努力次第で、お互いにとってよりご機嫌な関係が築けます。

「偉そう」は、自分よりも相手のため？

役割の話をすると、対等な関係性が良いとされがちですが、上下は存在します。「立場を取っ払ってざっくばらん」こそ「上下」を意識している証拠。「立場を取っ払う」の認識の違いによって「あれはやりすぎ」など批判されることもあります。

立場はそもそも「取り払えない」。だから、大切なのはコンセンサスを得られるルールづくりです。たとえば、「自分の意見は言って良い」「業務内容・業務時間以外は、上下関係を気にしない」など、ルールを細かく明文化すれば、認識の違いはなくなります。

最も良くないのは、「あとは自分で考えて」と曖昧な指示で混乱させたうえで「そうじゃない」と腹を立てることです。たとえば上司に「上下はまったく気にしないで話してよ」と言われたのに、「タメ口とかナメてるの？」と怒られたら混乱しますよね。上でも下でも、役割は「わかりやすく提示」が愛。偉そうなのは、「こちらが上。ナメた態度禁止。言うことを聞かないと不利。気をつけて」のサインです。

1 ▼ **相手を迷わせない明確な指示**

2 ▼ **自分の役割と、それに関するポリシーを打ち出す**

3 ▼ **認識の違いがあれば再調整、具体的な行動ルールを確認する**

この3つは必須です。認識の違いは、相手のせいではなく、伝える力不足やアプローチ方法に関する知識不足、相手が持っている感覚への理解不足など、自分の責任です。そして、何かを言った際の相手の行動、「この人の言うことは聞こう」「聞かなくていいや」という反応の違いが、自分が周りから信頼を得られる生き方をしてきたかどうかの集大成となって表れます。

相手向け

「偉そうって思った？（笑）偉いんです」

上の立場の場合、失礼なことなど距離感を誤った不適切な行動を相手に取らせてしまうことは、双方の不利益です。自分は不快になりますし、相手は悪気がなくても「嫌な奴」「わかってない奴」というレッテルを貼られてしまうかもしれません。

空気は、読むのが得意な人も苦手な人もいます。読めない人には「こういう状況では、この態度が適しているので、こう行動してください」と具体的に示しましょう。

偉そうで何が悪いの？　偉い役割を担っているなら「偉そうにする」が正解です。

自分向け

「好かれるよりも大事なのは、立場、役割のわかりやすい提示」

次の3点は、上の立場の人が最低限身につけておくべき考え方と行動規範です。

1▾明確に立場、役割を提示
2▾守るべきことを守らざるを得ないように伝える
3▾適切なふるまいをしたくなるあなたである

規則を守らないと自分が不利になる場合、人は規則を守ります。結果を出せば昇給するというように、他者の要求に従うことで自分にメリットがあれば、人は従います。

あなたの無意識の自己保身「嫌われたくない」「好かれたい」から生まれた甘々ルールは社会で通用しますか？「指導する」なんて大げさな話ではありません。

自分の行動の影響を考え、**嫌われたくないから優しくしようなど短絡的な感情に流されないで、皆にとってわかりやすく役割を演じることが重要**です。

8 「メタ認知」をとことん活用する

神意識で「生物」として、外から自分を「観察」する

前にも申しましたが、外から観察すべきは、見た目だけではありません。「メタ認知」は自分の認知活動である「感じる」「考える」「判断する」などを、高い視点で客観的に理解することです。この観察の視点は、見た目の印象づくり以外にも、自分の心の動きを観察したり、行動の意味を考えたりするのにも役立ちます。

世界的物理学者アインシュタインも「いかなる問題も、それが発生したのと同じ次元で解決することはできない」と言います。解決策は1つ上の次元から考えます。無意識の思考パターンやクセなどを第三者的に眺めて見つけ、対処するのです。

「上の次元で考える」が何のことかよくわからない？　簡単に言うと、第三者的に自分を眺める、もし自分が自分にアドバイスをする先生役なら何を言うか「俯瞰的視点」で考えるということです。

これによって、**問題意識という自分の思い込み**に気づいたり、真正面からぶつからずに**少し違う角度から解決方法**を見つけたりすることができるのです。

具体例としてたとえば、「人からバカにされた、ひどい」と感じて憂鬱なとき。このネガティブな気持ちに関しては、最低でも**3つのアプローチ**を行います。

1▼ 認知の認識

「バカにされた」というのはただの思い込みで、勘違いかもしれません。「バカにされた」と感じてしまう思考のパターンを振り返ります。

2▼ 感情的解決

バカにされても、自信を失う必要はないと自分に言い聞かせます。それでもダメなら、好きな音楽などを聴いて機嫌を良くします。

3▼ 現実的解決

なぜバカにされたのかを振り返り、建設的な改善策を考えます。

問題の原因は大概、目に見える事実以前の前提にあります。自分の感じ方・とらえ方・考え方などの基盤に思い込み、歪みがないかを観察する視点を持つのです。

さらに、小さな自分の枠である自意識を超えて、「これが実現すれば世界が良くなる」という高い視座である神意識を持って解決方法を考えます。

喜怒哀楽を含むすべての感情、物理的・精神的に世界の一部としての自分を観察し、自分がご機嫌であると同時に、全体としてより良い状態になれる方法を考えましょう。

素敵な人を100％真似をして、300倍輝く自分になる！

最終的に大切なのは「自分は、どんな人として生きていきたいか」です。

・自分はどんな特性を持っているか
・自分は周りからどう見えるか
・自分はどんな思考のクセを持っているか

それらを把握したうえで、あらためて「どうありたいのか」を考えます。

重要なのは、「これまでの自分」を忘れること。現在のあなたは「過去の自分」の積み重ねでたまたまつくられたもの。「未来の自分」は今から自由に形づくれるのです。

話すのが苦手だった私は話し方を変えようと、憧れの女性経営者の真似を毎日30分間練習しました。1年後には話し上手になり、司会や講師を務めるようにもなれました。しかし、私は100％そっくり彼女を真似したつもりだったのに、声、姿、雰囲気などが元々まったく似ていなかったため、独自のスタイルとなり、逆に良い評価を受けたのです。

個性とは非常に強烈。なくそうとしても滲み出るのが本当の個性です。だから、他人の良いところを一生懸命真似て、上手に特性を際立たせ、アレンジをどんどん加えることで、オリジナルの個性は消えずに、表現力と人間性が豊かになるのです。

良いと感じたらすぐに真似。予想外に誰にもバレず、新しい可能性が広がります。

相手向け

「芸能人の○○さんっぽいと言われませんか？」

相手が喜びそうな素敵な芸能人や著名人を挙げて「似てると言われませんか？」と言ってみましょう。似ている要素は、顔、声、雰囲気……細かい部分でも良いです。これができるようになるためには、相手を観察する力が必要ですが、「なんとなくこの人に似ている」と考えるのは、人を喜ばせられるだけでなく、人を観察し、カテゴライズする力を磨くのに良い訓練になります。

私は指導実績、のべ1万人以上ですが、話す際、雰囲気で人柄を推測し言葉を選びます。

人と関わる以上、人を理解したい。ならば、カテゴリわけするスキルは必須です。

自分向け

「憧れより、似ているロールモデルを目指そう」

理想の自分になるために、参考にするロールモデル活用3つのコツを話します。

1 似ている人を選ぶ

ロールモデルは「自分と似ていて、成功している人」を選ぶのが鉄則。一般的な失敗は、憧れから「似ていない人」を真似しようとすることです。根本的な性質、性格はなかなか変わりません。自然に真似できる、うまくいっている人を探しましょう。

2 成功の仕方を調べる

見えているものだけでなく、その人がうまくいった理由とパターンを調べます。何をやっているか、何をやってきたか、すべて自分に置き換えて考えてみましょう。

3 特徴を真似するときは、1つずつ徹底的に

「あれもこれも」よりも「今回は声の高さだけ」「この表情だけ」などポイントを絞って真似しましょう。ポイントを絞れば、「できたかどうかすぐにわかる」「変化が早くやりがいがある」「特徴を1つひとつ掴める」など良いことばかりです。

真似をしたら自分じゃなくなる？　いいえ、もっと素敵な人をたくさん真似して吸収するなかで、さらに新たな自分を発見し、自分を磨いていきましょう。

3章

相手の心にストレートに届く「話し方」にはコツがある

もっと「話を聞きたい」とお願いされる人になるには？

こちらは一生懸命話しているけれど、相手がつまらなそうな顔をすることってありませんか？

その場が重要な場だとしたら、ますます焦って空回り。言葉を重ねれば重ねるほど、皆の視線が冷たく……いいえ、むしろ哀れんでいるようにさえ見えてきて、さらに空気が悪くなって、気づいたら、もう時間切れ。

「だから、話すのって苦手なんだ」

そういったときほど、落ち込むことはありませんよね。

そんなとき、**一瞬で空気を変えることができるのが、「3秒言葉」**です。

もちろん、スムーズに話したり、声が良いことも大事。

わかりやすい言葉を選んだり、たまに笑ってもらうのも大事。

でも、それだけで伝わる話ができるのかと言えば、そうでもありませんよね。

・自己アピールはいけない
・テクニックを使うのは小賢しい
・相手からバカにされても黙ってガマン

もし1つでも、心当たりがあるのなら、新しいことを試みるチャンスです。

あなたにしかできない話、あなたにしかできないズドンと伝わる伝え方はたくさんあります。

自然と相手に伝わっていく言葉のコツを押さえたら、話しているあなたがまずは楽しくなって、聞いている相手はもっと楽しくなっていきますよ。

次のページからは「興味なさそうに聞いてるな～」という人がいたとしても、気づいたら本気で耳を傾けてもらう方法や、「もっと聞かせて」と前のめりになってもらえる話し方のコツについてお話しします。

1 愛想のいい聞き役から、愛される話し役へ

聞き上手より、話し上手になったほうがいい理由

・聞く力が最も大切
・聞き上手がコミュニケーション上手
・聞いているだけで話がうまいと言われる

など、最近では、聞き上手になることがコミュニケーションの鍵とされがちです。

もちろん「聞く」ことについては、たくさんの意味があります。相手を深く理解し建設的な関係をつくっていく「傾聴」も大事。ただ、単に相手の話を「聞くに徹する」ことだけでも、一定のいい人として当たり障りのないコミュニケーションはできます。

あなたが人の話を聞くだけの無難な「いい人」で良いなら、それでも十分です。

でも、もしあなたが「自分らしく選ばれる」人を目指すなら、「話す」必要があります。話さなければ、周りはあなたがどんな人で、何を考えているかがわかりません。時間・労力をかけてまでコミュニケーションをとる価値があるかもわかりません。

人がコミュニケーションする目的は前にも申し上げたように「情報交換」です。そして情報を最も効率的に得るには、話を聞くだけでいいはずです。

でも、私たちは「話したがり」ます。知識も経験も少なく、話すより聞いて情報を得るほうが有益であろう子どもの頃から、なぜ私たちはこんなに話したいのでしょう？

話す行為はすべてプレゼン

話すとは「自己アピール」です。自分という存在を知ってもらい、自分と関わりを持つことでこんな利益があるとプレゼンすることでもあります。

動物界は、サイズや毛並み、戦闘力など体格で評価されます。まず見た目で「仲間になる」「敵にしない」「ボス」と判断され、関係性が決まります。だから孔雀は羽を広げ、ゴリラは胸を打ち、猫は毛繕いで「自分って優秀でしょ？」とアピールします。

一方、人が生き抜いているのは、体の強さより、仲間との協力体制と自らの知能のおかげ。「情報を持っている」「知識がある」「周りにシェアする」ことが重要です。

だから「情報を受け取る側」でしかない相手に、私たちは強い魅力を感じません。

リーダーや影響力のある人は、考えや情報を共有するために話します。口下手でも関係ありません。講演会では話す人がお金をもらい、聞く人がお金を払います。

話す側と聞く側では、圧倒的に「話す」側に存在感があるのです。では、

自分が話す側になり、周りに聞く側になってもらうには？

答えはシンプル。有益なことを話す、有益な存在だとわかってもらうことです。

人が関係性を築く動機は、相手が有益だと感じるから。村人として迎えたいのは、「水がほしいなら、あそこに泉があるよ」「あの植物は美味しいよ」と情報をくれる有能な人。

情報を受け取るだけの人は有用性が低く、関係性を築く意味がないのです。

大事なのは話すこと、耳を傾けてもらえる自分になること。「聞き上手」だからと言って、「話す」ことから逃げるべきではないのです。

前向きに耳を傾けてもらえる話し方

話すことは重要ですが、リスクもあります。聞いているだけなら、特に害がないのでノーリスク。でも話す側の場合、話し方や内容次第で「話を聞きたくない＝あの人とは関わりたくない」と相手に思われてしまうことがあるのです。

だから、ご機嫌に話し、相手にもご機嫌に聞いてもらうポイントが次の3つです。

前向きに聞いてもらえるように伝える3つのポイント

1 ▼ 相手はどのように物事を理解するのかを知る
2 ▼ あなたから話を聞きたいと思ってもらう
3 ▼ 相手の聞きたい話題を提供する

1 相手はどのように物事を理解するのかを知る

人にわかってもらうためには、まず、あなたが相手を理解する必要があります。

スウェーデンでは文化的背景や思想が皆異なるため、「あなたはどう思うの？」とよく尋ねられます。曖昧な回答だと「どういう意味？」「あなたが言おうとしているのは、こういうこと？」と繰り返し真剣に追求されます。強めの口調ですが、悪気も責めるつもりもなく「相手の意図を知りたい」だけ。わかるまで確認するのが一般的です。

対話は相手が求めることを提供するもの。だから相手を知るために質問をします。

一方、日本人は「基本的に、自分と人は同じ」と考えます。しかし、似ている部分はあっても、人は本来皆、異なる育ちや経験、知識、感受性で生きています。

つまり、対話を通じ、相手が物事をどう理解するかを知るのは不可欠なのです。

2 あなたから話を聞きたいと思ってもらう

あなたは相手にとって「理解したい相手」「話を聞きたい相手」ですか？

需要がないのに、「私を理解してください」と押し付けるのは避けるべきです。

よくあるのは一方的に、「自分をわかってください」と語る人。「自分を大切に」「ありのままで」「やりたいようにやる」などを都合よく実践したら、逆に嫌われます。

3 相手の聞きたい話題を提供する

提供するのは、直接的なお金や能力とは限りません。

「どうして明るいんですか？」という質問に答えるだけでも、「知りたい側と教える側」とで、需要と供給が成り立ちます。

重要なのは、相手から「理解したい」と思われる存在であり続けることです。

相手はあなたから、何を聞きたいのかを考えましょう。最終的には、相手があなたのファンになり、「あなたの話なら何でも聞きたい」が理想です。

そのために、あなたを知りたいと継続的に思ってもらう努力、理解したいと思ってくれる人に出会う努力が必要です。相手の興味や関心は話すときの道しるべです。話すことにはリスクが伴いますが、それ以上に素晴らしい価値があるのです。

相手向け

「それもありかもしれないですね！」

会話はキャッチボール。聞き役でも、適切なタイミングで話し役に転じるのも良いです。相手から自分への興味の程度を把握するために、この言葉を活用します。

あいづちで、「お？　この人は他にも何か考えがあるのかな？」と匂わせましょう。

もし相手が「え、なになに？」と聞いてきた場合は、自分が新たな視点を提供し、相手に納得してもらえるよう努めましょう。

逆に、この言葉を言ってスルーされた場合は、「あなたの話に興味はない」か「もう少し話を続けさせて」のサインです。話したいならば、再度タイミングを計りつつ、興味を持ってもらえるよう、キャラクター設定やアプローチを考え直しましょう。

自分向け

「言いたいなら言う。言わないなら相手に不満を持つのをやめる」

言いたいことがあるなら、勇気を出して話してみましょう。うまくいくことだけが成功ではありません。「間違えると、こんな顔をされるのか」など微妙な反応や失敗からも改善の余地を見出し、次に活かせば良いのです。

何も言わず「わかってくれない」「自分が話してばかりで、こっちの話を全然聞かない」と後から文句を言う人がいますが、それは自分のせいです。

もしあなたがそうだとしたら、リスクを冒し、おかしな空気になっても良いと覚悟を決めて話すことで、相手はこちらの話を聞いてくれるかもしれません。

「ちょっと話してもいいですか？」と言えば、ほとんどの場合、歓迎されます。ただし、話の主導権を一旦握っても、興味を引けなければすぐ話題も話し手も変わってしまいます。そんなときは、相手のせいにせず、自分が話し下手だからと認めましょう。

話すのが苦手だから聞き上手とは限りません。傾聴にはレベルがあります。カウンセラーやセラピスト、コーチなど人の話を聞くプロは、全力を注いで寄り添います。また、「あの人は自分ばっかり話している」など文句を言う人や話を聞きながら妄想、自己中心的な思考にふけっている人は、相手に寄り添ってもいません。

「察するべき」「会話はキャッチボールなのに、自分ばかり話すのはダメ」など常識を押し付けないことです。自分が話したいなら、自分からアクションを起こすのです。

心から相手を思うなら、伝えるテクニックを磨こう

テクニックなんて小賢しい？ 心のままに体当たり、自然体こそが素直で良い？

この考えは一理あります。感情が伝わるのは大切ですし、中身なくテクニックだけで心を掴もうとする姿勢には好感が持てません。でも、もしあなたが、気持ちの良い人間関係を築き、人の役に立ちたいならば、伝える力を磨く必要があります。

なぜなら、相手にとって価値ある考えをあなたが持っていても、相手が気づかなければ

意味がないからです。もし、あなたが悩みの解決法を伝えても、相手が「どうでもいい話」と受け取ったら相手の人生は何も変わらず、役に立つことができません。

わざわざ関わるのだから、聞き上手で承認欲求を満たしてあげる役ではなく、相手に価値を与える存在として「関わりたい」と思われる人を目指しませんか？

私たちは、1日24時間、ダラダラも含め、時間を使い果たしています。絶対的な時間数を増やせないなか、あなたは、誰と時間を過ごし、人に何を与えますか？

労力・時間が、自分と人にとって意義あるものになるように、伝える力を高めましょう。

相手向け

「本当の意味でWin-Winになる形を、一緒に探せたらと思います」

目指すのは、綺麗事ではないWin-Win。長期的に関係を続かせるためには、双方が成長し、ご機嫌に幸せに、より良くなることが必至です。片方が片方の成長を阻む、可能性を閉ざす関係は不健全なので続きません。

できればラクをして自分だけが得をしたいのは当たり前。そして自己犠牲はダメ。でも、相手も絶対に犠牲にしてはいけません。

お互いがうまくいく有益な状況をつくるため、騙しあわず、裏を探りあわず、本音でフェアな関係を築く姿勢を見せ、その姿勢で共感しあえる人とつながりましょう。

自分向け

「伝わらないのは自分の怠慢」

うまく伝わらないことを、相手の問題ではなく自分の問題としてとらえましょう。

・相手が意識すれば理解できるのに、意識してもらえない
・相手のレベル（理解度）を勘違いしている
・「わかりたい」というモチベーションを引き出せない

理由はさまざまですが、伝わらないのは相手の問題ではなく、自分の怠慢。伝わりにくい領域はあれど、「ここまでは伝わるはず」と思うことが伝わらないなら、まだまだ工夫の余地があります。あなたの伝える力次第で、より良い結果に変わるのです。

2 自分と相手の「素性」を意識する

話すのが上手な人はまず「これ」をしている

コミュニケーションでは、「相手は本当はどんな人か？」「自分はどんな人か？」「自分は、相手にどんな人だと思われているか？」を理解することが重要です。とはいえ、質問、確認を通じて相手を知ろうと試みても、答えてもらえない、誤魔化されることってありますよね？　その原因と対策3つについて話します。

相手が話してくれない3つの原因と対処法

1▼あなたが自分について話していないから→自己開示は、自分主導で
2▼質問が答えにくいから→答えやすい質問に転換
3▼相手の「話したい」に火をつけていないから→相手が自然と話したくなる方法

1 あなたが自分について話していないから→自己開示は、自分主導で

質問しても答えてもらえないのは、あなたの自己開示不足のためかもしれません。

たとえば「好きな動物は？」と急に聞かれたら、「なぜ好きな動物を答えなければいけないの？」と感じ、答えにくいかもしれません。でも、「私は猫好きでペットとして飼っているんです。あなたはどんな動物が好き？」と開示されたら、抵抗感が減りますよね。

相手の話を聞きたいならば、まずは自分から話すこと。一方的な話し過ぎは避けるべきですが、「自己開示は自分から」が鉄則です。

2 質問が答えにくいから→答えやすい質問に転換

相手が答えやすい質問をしていますか？　一般的にオープンクエスチョン（自由回答）より、クローズドクエスチョン（選択肢）のほうが答えるのは簡単。また、オープンクエスチョンで反応が鈍ければ、クローズドクエスチョン風に変える方法もあります。

たとえば「休みの日は何をしていますか？」と漠然と尋ねたとき、「……買い物？」な

ど答えに悩み、相手の返事が一言で終わるようなら、すぐにクローズドクエスチョンに変えます。「休みの日ってゆっくりする人と、予定を詰める人がいますよね？　カフェめぐり、友人と遊ぶ、逆にたっぷり寝る、溜まった家事をやるとか」などと続けます。すると相手はそれをヒントに、「そういえば」と気になることを話してくれるでしょう。

ポイントはもう1つ。「何をしているか」から続ける言葉次第で、予定を事前に決めたいか、当日ふらっとタイプか、インドアかアウトドアかなど、**深い価値観を話すきっかけをつくれます**。大切なのは、**質問を通して相手の発想を広げる**ことです。

3 相手の「話したい」に火をつけていないから→相手が自然と話したくなる方法

「聞くことが重要だ」と思い、普段から話すタイプではない人の場合、普通に質問しても積極的に話してくれません。どうしたら相手が話したくなるか、方法は2つです。

① 相手が話したくなる、好きそうな話題を提供すること

誰でも好きな話題なら話したいもの。相手の趣味、仕事に関すること、積極的に話してくれそうな内容について、上手に質問を投げかけてみましょう。

② 相手が話したくてたまらなくなるくらい、自分が話しまくること

とにかく「話したい！」という気持ちに相手を駆り立てたいなら、自分が話しまくるのもありです。一方的に話すと、「相手ばかり話してる……そろそろ自分も話したい……」という気持ちがふつふつとわいてきます。そのタイミングを見計らって「私ばっかり失礼！　〇〇さんはどうですか？」と聞けば、きっと話してくれます。

相手の話を聞かなければ、相手のことを理解できません。そのために、必要ならばまず、自分があれこれ話すのです。

素性を明かし、わかりあう意志を確認する

「自己開示は自分のことを話せば良いんですよね？　得意ですよ」というあなた、本当でしょうか？　じつは、ただ話す＝自己開示ではありません。

本当の自己開示をできていますか？　つい「自己開示フィルター」を設け、無難なこと、褒められそうなこと、好感度高めのエピソードばかりを話していませんか？

自分について明かすとは、良いも悪いも含めてオープンにすること。むしろ、完璧な自分で仲良くなってから欠点が露わになってガッカリされるより、欠点を理解しあいながら仲良くなれる人と関わった方が、最終的に長続きする関係が築けます。

良いことしか開示しないのは、プライドが高いからかもしれません。失敗談と言いつつさりげない自慢話、綺麗事、表層的な夢を語っても、心は動きません。やろうとして失敗してダメだったなどどうしようもない話をするから、仲良くなれるのです。

「そこまで話しちゃう？」と思われることまで話すから、信頼してもらえるのです。

関わることにメリットを感じてもらうのは重要ですが、十分ではありません。メリットがあるうえに、人として面白い、チャーミング、ちょっと抜けているなど個性的でダメなところがあるからこそ、人として愛されるのです。

相手向け

「興味がないかもしれないですが、私はこれってあなたにとっても意味があると思っていて……もう少し話を続けても良いですか？」

もしも、興味がなさそうな顔をされたら、「興味がないかもしれないですが」と相手の反応に気づいていると示しましょう。そのうえで、相手にとって聞く価値があると伝えます。

あなたの面白さを相手に気づかせてあげられないのは、お互いにとって損です。つまらなそうな顔をしていたとしても、あなたの話を聞いた結果、あなたの魅力や面白さに気づいたり、必要な情報を受け取ってもらえたりするかもしれません。だから、耳を傾けてもらえるように随時、「聞きたくなる誘導の言葉」を入れていくのです。

自分向け

「わかってもらうことは、相手のためでもある」

理解してもらう、仲良くなることに遠慮を感じてしまうときは、この言葉。

「こんな私と仲良くしてくれてありがとう」と言いつつ、心のなかで「自分と仲良くなれてよかったねえ」と思う人のほうが清々しく信頼できると思いませんか？

自分と仲良くなれた人は幸せだろうと思えるくらい、素敵な自分になりましょう。

3 言葉、態度を「自分本位に」「そのまま」受け取らない

私たちは、常に主観で生きてきた

ときどき「客観的には」とカッコつけて言ってしまいますが、じつは私たちは厳密には客観的になれません。なぜなら、自分でとらえ、考え、発信しているからです。

私たちは同じ風景や出来事を、他の人とまったく同じように見たり感じたりすることはありません。それは、人は次の3つを通して全世界を感じているからです。

1 ▼ 目、耳、鼻、舌、皮膚などの五感に関する物理的な感覚器官

2 ▼ 脳や神経、ホルモンなど情報を感覚として認識するための受容的な器官

3 ▼ 経験によって形成された思考回路

誰もがこの3つのフィルターを通して物事を感じ、考えます。だから、同じ感覚でいる

ように感じても100%はわかりあえず、主観以外の見方はできません。

となると当然、中立的、客観的、絶対的に感じられる「言葉」も主観でとらえられ、使われるものだとわかります。

「赤」という言葉でイメージする色は皆違います。さらに、視覚とは、光が角膜を通り、視神経を経て、脳内で構築されるイメージの投影を見ているに過ぎません。だから、まったく同じリンゴを見ていても、目に映っていると知覚する赤色はそれぞれ皆異なります。

目の前の現実は、あなたの脳内で生成されたイメージでしかないのです。

私はこれまでに数回、自分の感覚が突然ガラッと変わる体験をしました。

まさに、「ある朝、目が覚めた瞬間に世界の見え方が変わっていた」というもので、世界との一体感を突如感じたときのものは、あとから「悟り体験」とわかりました。

たとえば、すべての色が明るく見えるようになったり（視覚）、聞こえなかった音が聞こえるようになったり（聴覚）、感覚器官である目や耳の形状は何も変わっていないのに、とらえ方、自分が五感で感じる世界が一瞬で変化したのです。

物理的な感覚器官からの情報はすべて脳で処理され、私たちは体感として経験します。複数人格分のとらえ方を通じ「五感は脳が司る」「人によって見える世界が違う」を実感、逆に皆が固有の脳を持つことから「人とわかりあう難しさ」を痛感しました。

ある言葉を、あなたとぴったり同じイメージで使う人は誰もいません。だから、さまざまな視点から、あらゆる言葉やたとえ話などを用い、伝える工夫をするのです。

相手向け

「○○さんなら、すでに気づいていると思うんですが」

相手の感覚、思考はわからないと百も承知で、わかりあう感覚を共有するための言葉です。じつはこの言葉、まったく相手の考えがわからなくても大丈夫な理由が3つ。

1▼**「反論されない」から**「○○さんなら気づいていると思うんですが」では、まだ内容を言われていないため、「いや、気づいていません」とは反論されません。

2▼**「ポジティブにとらえてもらえる」から**「気づいていないと思うけど」はバカに

された感じがありますが「気づいていると思う」は鋭い人と思われているとポジティブにとらえてもらえます。つい、「気づいていたよ」と反応したくなります。

3▼「耳を傾けてもらえる」から「気づいていると思う」と言われたら、おかしなことを言われたら困るので、「何に気づいている話だろう？」と耳を傾けてくれます。この言葉は一石で二鳥三鳥の効果があります。**「あなたは勘が良いから、もう気づいているだろうけど」と言えば、ますます喜ばれ、耳を傾けてもらえますよ。**

自分向け

「同じ単語を使っていても安心しない」

同じ言葉を使っていれば、わかりあえている？　その考えこそが**勘違い**。ネズミにとっての「大きい動物」と、ゾウにとっての「大きい動物」は違います。ネズミにとっては猫や犬も大きいけれど、ゾウから見れば猫はとても小さく、大きいのはカバやクジラくらいかもしれません。

話し手でも聞き手でも、「同じ単語を使っていても安心しない」を意識しましょう。

4 予想を超え続ける人になる

相手の言いたいことを先回りして言葉にする

楽しい人は好きですか？　もしそういった人が好きならばあなたも、相手の「楽しいポイント」を刺激するアプローチを考えましょう。笑いで心が開き、さらなる楽しさにつながります。

複数人が相手なら全員を巻き込み、皆が「自分に話してくれている」と楽しめる進行を心がけます。たとえば無口な人をあえて指して「あの方は、そんなこと10年前から知ってるよって顔をしていらっしゃるけど」など、ユーモアで巻き込むのもありです。

人は誰しも本音では人にかまってほしい、わかってほしい。自分を大好きなので、診断や占いで「あなたはこんな人でしょ？」と当てられるのが嬉しい人も多いです。つまり、何を言いたいかを、言わなくてもわかってくれる人はもっと大好きです。

逆に、自分をわかってくれていない、興味がなさそうと感じると心を閉ざすので、「わかってますよ」とアピールできるくらい、理解してあげることが大切です。

相手向け

「今、〇〇って思ったでしょうけど」

自分が話し手で、自分から見て1対多数のときも、相手からすれば1対1。重要なのは「自分に話してくれている」感。自分は対象外だと感じると相手の興味は薄れます。

そこで具体的には先回りして相手の考えを言い当てましょう。「〇〇と思っていると思いますが」と相手の心の声を口に出し、ドキッと耳を傾けてもらってから伝えます。

先回りは、ネガティブな反論が来そうな際に、特に有効です。たとえば「ここまでの話で、さっきの話と関係ないじゃんと思ったでしょうけど、違うんですよ。なぜかというと……」「今、現実的には無理だよと思ったでしょうけど」のように、相手の心の中のネガティブな反論を予想し、口に出したうえで続けるのです。これで「わかってくれたうえでの話なら聞こう」と聞く姿勢になってもらえます。

自分向け

「常に5秒先を考えながら、目の前に集中しよう」

今この瞬間に意識を向けながらも、一歩先を予想しましょう。相手の思考や気持ちを先取りし、「この言葉を言ったら、相手はどう思うか?」「こんな気持ちになっていたら、次はこうしよう」と常に一歩先の相手の反応を見据えてプランニングします。予想外もありますが「5秒先を考える」ことは頭の訓練にもなります。

先を考えると話に集中できないとしたら、慣れと練習あるのみ。余裕が出てくれば、相手の言葉の端々や視線、仕草にも気を向けられます。自分の表情、動きを意識し、言葉や反応も選べるようにもなります。

対話中は、ある意味ヒマで、忙しい時間です。相手の沈黙中なども、その間により伝わる方法を考えられます。同じ時間を過ごすなら、自分にできることを考え、能力の最大化を常に図るべきです。たまには、ボーッと聞いても良いですけどね。

相手の答えを超えていく

相手の考えを予想できるようになったら、「自分がこう答えたら、相手はこう思うだろう」もわかります。次は、**どんどん予想を裏切りましょう。**

面白い人は、想定外で笑わせます。本は「8割：既知、2割：新情報」がベストバランスと言われるように、「うん、そうそう……そうなの⁉」の予想外が面白いのです。即興プレゼン成功のコツは、「とりあえず予想を否定する」。たとえば「笑顔が大事」ではなく「笑顔は人間関係に不要」など常識の逆を主張します。そのうえで説得力のある理由を加えると「この人は面白い。もっと知りたい」と思ってもらえます。

予想を裏切り、新しい価値観を相手に提供する意識を持ちましょう。

相手向け

「って思うじゃないですか？　そのとおりなんですよ！　そのうえで、」

「って思うじゃないですか？」と言われると「違うんですよ」が続くと誰もが思います。そのため、その流れで「そのとおり」と言われるのは、まさに予想外です。

気づいてほしいのは、相手の予想を裏切ることに関して、相手の思考回路を完全に理解しなくても、言葉の端々だけで、相手の予想を超えられるということです。予想どおりと予想外のパターンを決め過ぎずミックスします。ただ、そもそも予想外をつくるには、予想が必須。外れても良いので、相手の思考を考え、練習しましょう。

自分向け

「同じ内容を2回繰り返すという命の無駄を回避せよ」

大事なことを伝えるのに繰り返したい場合、同じ言葉を使わず、バラエティ豊かな表現をしましょう。これは、ライティングのテクニックにも有効です。異なる言葉を使うと、より多くの人に響くように伝えたり、より深い理解を促したりできます。

意図的に、覚えてもらうためにキーワードを繰り返すのは良いですが、重要なのは「同じことばかり言っている」と飽きられないようにすることです。多角的アプローチで、さまざまな視点で情報を受け取れるよう、表現の幅を広げましょう。

5 人の2タイプを見極めよ

自己肯定感の高い人、または低い人への対応法

実際に話す際の声がけでは、同じ言葉でも、相手の性格次第で受け止められ方が変わります。1つの大きなポイントは、自己肯定感です。

自己肯定感が低い人は「とにかく肯定的な褒め言葉」が好き。なぜなら、自信がなく自己否定が強く、認められることや承認を求めるからです。ただ、とらえ方がネガティブなため、たまに褒め言葉も嫌味など否定的に受け取られるので注意します。

自己肯定感が高い人には独自性のある褒め言葉が鍵。褒められるのは当たり前だから、一捻り加えた褒め方が大事です。たとえば心を掴む力を讃え、真っ直ぐ目を見て「本当に面白い」。寄り添いが苦手そうなら「意外と優しい」が響くこともあります。

皆、性格は異なるので、感じ方を100％予測はできません。でも、相手を思い、考え

た経験は、あなたの糧となり、成長と今後出会う人との関係構築に役立ちます。

あとは「野となれ山となれ」。

結果は何でもOK。一生懸命人と向き合う自分を素敵だと思えればご機嫌になれます。

相手向け

「じつはかなり人のことを見たり、考えたりしていますよね？」

自己肯定感が低い人にも高い人にも、喜んでもらえるのがこの言葉。

生きていくうえで人と関わる以上、「人を気にかけている」は嬉しい評価です。

自己肯定感が低い人には「縁の下の力持ち」「周りに気づかれないようにやっている気遣いが素敵」など「控えめながらも素晴らしい努力」への賞賛を伝えます。

一方、自己肯定感が高い人には、ギャップへの感動というニュアンスを入れます。たとえば「注目の的で人を引っ張るイメージでしたが、じつは本当に1人ひとりに丁寧に寄り添っているんですね」など本人も気づかない意外な面を褒めるのと良いです。

褒める目的ではなく、良い点をお互いに伝え「素敵」と思い合いつながりましょう。

6 相手が前のめりになる伝え方・話し方の簡単テクニック

「思ってほしいこと」を先に言葉にする

相手に特定の印象や感情を持ってほしいなら、先に言葉にするのが効果的です。

言葉は人の意識を誘導し、関連する思考を促します。たとえば、ある単語を見たり聞いたりすると、その言葉が意識に上がり、関連する要素を無意識に探し始めます。

心理学の有名な実験「シロクマ実験」では「シロクマのことだけは考えないでください」と言います。すると、禁止されたシロクマを、急に意識してしまうのです。

同様に、先に感じてほしい言葉を言うと、「そんな気がする」状態に誘導できます。

短い言葉で、相手を思ってほしい方向へ誘導するときは、

相手向け

「わかりやすく言うと」「たとえば」

「わかりやすく言うと」と言うと、「わかりやすい」と思ってもらえます。この言葉で相手は「自分にもわかるはず」「簡単になるはず」と期待し、上手に説明してもらえると信頼が高まるため結果的に理解します。難しい概念を伝える際も「わかりやすそう」と思ってもらうことが「わかりやすい」と感じてもらう秘訣です。「たとえば」も同様にわかりやすさを期待できるので、相手の関心を引きます。

積極的に「こう思ってほしい」というとらえ方を、文の最初に付け加えてみましょう。実際にそう感じてもらう努力も必要ですが、相手がそう感じてくれることが相手のためにもなるならば、感覚を誘導してあげるのが愛です。

自分向け

「最終的にはどう感じてほしい?」

発する言葉は、あなたが表現したいこと以上に、相手に感じてほしいこと。

考えるべきは、「最終的に、相手の心のなかに残ってほしいことは何か」です。感じてほしいこと、思ってほしいことから逆算で、使う言葉を選びましょう。

「役に立ちそう」で無意識のモチベーションを刺激し続ける

人は自分のことしか考えていません。あなたの話も「自分のためになる」「役に立つ」「楽しい」から聞いています。つまり、大切なのはモチベーション高く聞いてもらうこと。

セミナーや講演会では、マインドセットが大切です。

いきなり本編を話すと、受け手の感性で解釈がなされます。だから最初に「この話は、こんな心がまえで聞いてください。そうすれば、最終的にこうなるでしょう」と伝えると、その視点が意識され、予告された結論に至りやすくなります。

さらに途中でも、なぜ話を聞くべきか、何の役に立つか、何が身につくかなど、相手が「続きを聞きたくなる」ようにさまざまな言葉を用いて伝え続けます。関心を引く言葉、有益性、笑い、意義、メリット、ゴールなどを随所に散りばめるのです。

「自分と関係ない」と感じられてしまったら、何を言っても、声を張っても、「なんだか、うるさいなあ」で終わってしまいます。

伝えたいからこそ、相手を思い、テクニックを駆使するのです。大切な時間を、あなたのためにも相手のためにも、有意義になるよう工夫しましょう。

相手向け

「なんでこの話をするかというと」

相手の「聞く」モチベーションを高めるために、話を聞くメリットや目的を冒頭で伝えましょう。加えて約15分ごと、テーマが変わるたびに価値を強調し、相手が興味を失っていると感じるたびに、挙手などで自分に関係すると意識してもらいます。

相手の要望に応じて訴求する意識を持ち「これによってこうなれますが、どうやるかというと」と伝えれば、ただ「こうしましょう」より前向きに聞いてもらえます。

ポイントは、話半分ではなく、自分に活かそうと考えながら聞いてもらうこと。最終的な理解力と価値は、話す内容より、相手の意識で決まるのです。

自分向け

「人は自分の得になるものしか興味がないことを忘れない」

「人は自分の得になるものしか興味がない」を頭に刻み込みます。世界観をつくろう、自分らしく生きようなどつい「自分中心」で考えがちですが、聞く人がいなければ何の意味もありません。今必要なのは、自分らしさアピールではないかもしれないのです。

まずは、心を動かし、興味を持ってもらえる方法をあれこれ試してみましょう。

無意識ですが、あなたも自分の利益しか考えていないはずです。楽しい、面白い、お得など、自分のメリットに時間、労力を使いたいのは相手も同じです。

他人の興味に関心を持ち、求められているものを常に考えることが、コミュニケーションの基盤です。

7 「ナメられている」と思ったら3つの「自然」でうまくいく

ナメられない余裕な大人の嗜み

特に女性だったら、一度は経験したことがあるであろう「なんとなくナメられている」感覚。私も以前は、しょっちゅう「人にバカにされている」「ナメられている」と感じ、人と一緒にいるとつらいな、人が嫌いだなと思っていました。

たとえば、次のような思い込みを無意識に持っていませんか？

- どうせ、一生懸命話しても、笑って流されるだけ
- 自分なんて人数合わせか、ドヤ顔での自慢話を聞く役だろう
- 興味ありげに自分から話を振って、場を盛り上げなくちゃ

こんな自分でいるのは不満。だからと言って、どうしたら良いかがわからない。結果、

どんな相手でも、通常の対応では「ナメていい」空気感が出てしまうかもしれません。そうならないために以下の3つを覚えておいてください。

ナメられないための3つのスタンス

1 ▼ ただただ、沈黙に付きあう
2 ▼ 正しい反応をしないから、魅力的な人になる
3 ▼ 無理して笑わないから、聞いてもらえる

1 ただただ、沈黙に付きあう

沈黙が怖くて、つい話しちゃう？　その気持ちとってもよくわかるんですが、「沈黙が怖い」と思うのは今日で終わり。これからは「沈黙は大切な間」と考えましょう。

「沈黙を制す者が場を制す」を胸に刻んでください。沈黙は盛り上がらない瞬間ではな

く、相手の考える時間。焦って無駄に話すと、媚を売る、軽薄で臆病な人になります。

沈黙は「何もない」のではありません。沈黙が「ある」のです。

音楽でも休符は「ゼロ」ではありません。大きな流れに「無音が必要」なのです。会話の流れを感じ、間を設計する意識を持ち、「沈黙にビビらない」練習をしましょう。そうすれば、沈黙を楽しむ余裕と自信がある人として、ナメられなくなります。

2 正しい反応をしないから、魅力的な人になる

空気を読み「こうしてほしそうだな」と気づいたら、予想外をどんどん演出しましょう。最初は相手も戸惑いますが、予測不能だと興味を持ってもらえます。たとえば、

・笑ってほしそうなタイミングで笑わない
・好感度高く「はい！」と言わず、わざと鈍く返事をする
・目の前に人がいるのに、1人の世界に入り考えごとを始めてみる

コミュニケーション上手な人ならば、絶対にやらなそうなことを意識的に試しましょ

う。「想定外の反応をされると、人はこんな感じになるんだ」と知る経験は貴重です。
反応を丁寧に見て、相手の予想を飄々と裏切るメンタルを鍛えましょう。

3 無理して笑わないから、聞いてもらえる

好印象を持ってもらうことは大切ですが、しっかりと話を聞いてほしいなら、

好印象よりも「重み」が大事。

1 ▾ 声を低く、ゆっくり話す
2 ▾ 笑顔を控える
3 ▾ 必要に応じて強めのアイコンタクトをする

提案や教える立場の場合、話を聞かないことは相手にとって機会損失です。

好感度は上がらないため、目上の人には逆効果で注意が必要ですが、自分が情報を提供する側なら、ニコニコしないために一時的に好感度が下がっても良いのです。相手の人生

がより良くなり、心から感謝してもらえれば、それが最大の成果だと思いませんか？
そういった状況をつくるのが、次の一言、

相手向け

「そうなんですね」

この言葉は、厳密には相手の考えに同意を示していません。まったく同意できず、「一体、この人は何を言っているんだ」と心のなかで思ったら、意に介さずに他人事として受け止める言葉で、ちょっと可愛くない人になってみましょう。

内容に納得はしていません。相手がそう思っている事実を受け止めているだけ。たとえば「あなたはこんな人でしょ？↓そう見えるんですね」「こうでしょ？↓そう考えるんですね」と返します。「なんだこいつ」と怒られない程度に適宜アレンジです。

急に笑顔をやめ、沈黙に耐えるのが難しければ、意図的に相手に合わせないあいづちで「今、わざわざあなたに同意しないぞ！」と意識する練習から始めましょう。

自分向け

「ナメていいと思わせた自分を変える」

あなたは相手に不本意な態度を取られた際、つい相手のせいにしていませんか？

「あの人は失礼だ」「あの人は人をバカにしている」「あの人は偉そうだ」と問題はすべて相手にあるように感じるかもしれません。この考えが、間違いなのです。

相手は、偉い人や怖そうな人と接していたら、失礼な態度は取らず、礼儀正しい「いい人」でいられたかもしれないのです。

態度は関係性、役割で決まります。相手があなたをバカにするのは、あなたが醸し出す「バカにしてもいいですよ」という雰囲気のせいかもしれません。嫌われたくないと媚を売り、失礼な態度を容認するから、結果、相手は無礼になっているとしたら？

自分にナメた態度を取ってほしくないならば、あなたが身をもって教えるのです。相手の態度は自分の責任。嫌な人をつくらない、ナメられない人になりましょう。

4

章

心地いい空間と
良い関係性を生み出す
「聞き方」の秘訣

相手のつまらない話でも、自分にとって利益をもたらす話になる

人は本来面白いはず。自分と全然違うところで生まれて、全然違う人生を歩んで、いろいろな経験をして。それなのに話を聞くのって、なぜあまり面白くないのか？良い話を相手から聞き出すことができないのか？　それは、

「これを聞きたい！」とあなたが相手にハッキリ示していないからかもしれません。

どんな話でも愛想良く聞くのは別に悪くはありません。

でも、本当に自分の興味のある話を相手から聞きたいのなら、あなたの好みをわかりやすく伝えること。

言葉でも表情でも仕草でも……もちろん質問も遠慮なくしていいんです。

相手だって、あなたに有益で楽しいと思ってもらいたくて、話しているはず。

だったらあなたは、気を使うよりむしろ思うがままに、自分が聞きたい話をスター

トしてもらえるように、相手にあれこれ質問をすればいいんです。

もちろん、こちらからは何も言葉を発することなく、相手の話を聞くというときもあってもいいと思います。

でもそのうえで、「聞くは受け身」とただ、あいづちを上手に打っているだけではもったいない。

積極的に「聞く」行為を行うことで、自分にとっても相手にとっても、良い方向に進む空間をつくりだしませんか？

どんな顔、どんな言葉、どんな意識で、相手は言葉を使っているのか。

たとえどうでもいい話であっても楽しく、相手が喜んでくれて、自分にとっても利益をもたらす聞き方のコツもご紹介します。

それでは、**自然と聞き上手になってしまう3秒言葉をお伝えしていきましょう。**

1 リアクションが最高のアクションを引き出す

良い話を聞きたいならば、相手が喜ぶリアクションをすること

3章では、ご機嫌に自分らしくコミュニケーションをするには、単なる聞き上手になるより、話し上手になることが重要だとお伝えしました。

そのうえで、本章ではお互いのためになる、何よりその場が楽しくなる、受け身ではなく能動的な「聞き方」についてお話しします。

リアクションと言えば、適切なタイミングでしっかりとあいづち、ニコニコ、前のめりで聞く姿勢を示す……総じて「感じの良い反応をすること」とされがちです。

でも、そもそも、リアクションは何のために行うのでしょう。

相手に気分良く話してもらうため?

いいえ、じつは「こちらの興味があることを話してもらうため」です。

リアクションは受け身ではありません。相手を喜ばせるためではなく、自分の知りたいことを引き出し、お互いに有意義な時間を過ごすための積極的な行為です。

話し手は必ず聞き手を意識します。つまり相手は、あなたのリアクションを見て、あなたがどんな人で、何を考えているのかを判断し、内容や話し方を変えるのです。

豊かなリアクションで「興味がある」と伝えたら、喜んで「じつは話すつもりはなかったけれど……」ととっておきの内緒話を教えてくれるかもしれません。

相手からの最高のスピーチは、あなたのリアクションで引き出されるのです。

聞き方も見た目が10割

リアクションも言葉より「見た目」を意識しましょう。質問するのも良いですが、表情や仕草で、見るからに「私はこう感じています」を表現します。

視覚的なリアクションは、言葉よりもインパクトがあります。たとえば、ドッキリを仕掛けたら、「ものすごくびっくりした」と棒読みで言われるより、飛び上がって呆然とし、一瞬黙ってから大声で笑い出されるほうが大成功だと感じるでしょう。

ただ前提として、**「話し手に無視されない見た目の演出」**が重要。

具体的には、アパレルなどの高級店のお店の方の接客態度が、客側の服装に影響されるように、普段からお互いに値踏みをしていると忘れないことです。「この人に楽しんでほしい」**「この人のリアクションには一目置こう」と思ってもらえる見た目が重要**です。

そのうえで、**リアクションでアクションを誘導**します。

表情だけで、言葉を引き出す

当然ではありますが、楽しそうな顔で「どうなの？」と尋ねれば、楽しい話を聞けます。困った顔で「どうなの？」と尋ねれば、困った深刻な話が続くでしょう。

リアクションは顔芸です。そこで、表情だけで喜怒哀楽を表す練習をしましょう。内容と自分がどうしたいのかに応じて、感情を表情に出したり、真顔になったりすることで、「明るい話をしたい」「話題を変えたい」「真面目モードで話したい」などを伝えます。

なかでも笑う練習では、自分の笑い方に関して、**周りが「どのくらい笑っている人」と認識するかを知り、笑いのレベルを明確に表現できるようにマスター**します。

・ツボに入って止められないほどの大笑い↓100
・おかしくて爆笑している↓80
・普通に楽しんでいる↓50
・あんまり面白くないと教えてあげる↓30
・微笑み程度、あるいはわかりやすいビジネススマイル↓10

周りから「めちゃくちゃツボに入っているね」と言われたら、「このくらいでツボに入って笑いが止まらないと思われるのか」とチェック。笑いのレベルは周りと比べると同時に、デフォルト（初期設定。つまり今回ならば、普段のリアクションの大きさ）からの上下の幅で決まります。リアクションが元々大きめならば、上限はもっと高く、無意識でにやけ顔なら、気合いを入れたビジネススマイルもしっかり練習。表情以外にも、「小首をかしげる」「前のめり」「考えごと中」などもマスターします。

さらに重要なのが真顔とは違う「集中しリラックスして聞いている表情の練習」です。緊張すると「普通」がわからなくなります。余裕がなくても悟られないよう「普通の顔」の筋肉や目の感覚を覚え、呼吸などを活用しすぐ戻れるようにしましょう。

ここまでする必要ある？　あるんです。対話は聞いていても話していても、どちらもご機嫌に楽しみたい。こんなふうに、相手の目に映る自分を徹底的に分析し、伝わるリアクションを意識すれば、聞き役でも意志を伝えて、最高の時間をつくれるのです。

相手向け

「あ、私そういう話大好きです！」

自分からわかりやすく、「そういう話が大好き」と伝えます。


じつはこれ、大好き以上に、嫌いを伝えるためのサインです。直接的に「その話は興味ないです」とは言いづらいし、言われたら傷つく人もいるでしょう。

だからこそ、興味がない苦手な話題は、鈍い反応で質問せず、あいづちも控えめ、よそ見をチラチラ、流れを悪くして相手に話しにくさを感じてもらうようにします。そして、自分から質問を振ったり、何かの拍子に興味のある話になったら「そういう話、大好きです」と言います。これで、今の話を続けてほしいと暗に示せますよ。

自分向け

「本当に興味を持てる質問を思いつこう」

興味を持てないなら、あなたが相手から聞きたい内容や話題を引き出すために「質問」を活用します。以下に代表的な質問の方向性を挙げます。

1▼ 人柄に興味がある場合↓思いや育ち、悩み、夢など
2▼ 相手の人生に関心がある場合↓仕事や考えなど
3▼ 同じような成果を出したい場合↓ノウハウ、知識、マインドなど

自分の好みで深い議論ができる得意分野や、どんな人と話しても興味を持てるトピックを見つけるのも良いです。お互いに楽しく話せることを大切にしましょう。

声で感情を誘導する

感情は、表情に加えて声も大切。声については、2章でも少しお話ししましたが、喜怒哀楽に加え、声で方向性を示します。具体的には文末で、そのまま自分が話すか、相手に話をしてほしいかがわかるよう変化をつけます。

質問では、文末は少し力を抜いて、受け入れ声にしたうえで、最後だけ少し高くします。声のラインがあるなら、自分からゆっくり弧を描き、相手にスッと届くように、言葉を投げるイメージです。野球のピッチャーのように真っ直ぐに投げたら、強く打ち返されたり、避けられたりしてしまいます。**会話のキャッチボールを豪速球で投げてはいけません。**

たとえば「それって、どういう意味ですか?」という言葉を、平坦なトーンで豪速球のイメージで言ったら、批判された印象になります。でも、同じ言葉でも、「です」を少し下げて、「か?」で柔らかく上げれば、興味津々の「はてな」として伝わるでしょう。

また、大切なところはトーンや速度を変えて変化をつけます。あれもこれも話したくても、ずっとハイテンションはむしろ冗長。緩急をつける意識を持ちましょう。

語尾の声の調整は無意識にしている方が多いですが、意図してできるようになると「あれ？　思ったように話が続かないな」と感じたときに工夫して活用できますよ。

相手向け

「すごい！（思いっきりテンションを上げて）で、それから〜？」

あざとい女性の「さしすせそ」は、一言リアクションとしてリズムをつくれます。

（「さすが」「知らなかった」「すごい」「センス良い」「そうなんだ」）

ただ、一言だけで終わったときにタイミングが少しでもズレていると、会話が急に停滞することがあります。その場合は、立て直しを上手に行いましょう。

たとえば「すごい！」とテンション高めに言った後、一瞬の静寂が生まれたら「それから〜？」と続けます。相手（話し手側）の言葉である「それから」などの言葉を使うことによって、スムーズに次の話に進んでもらえるのです。

営業の研修では「たった一言」で、さまざまな感情や雰囲気を表す練習をします。

優しさ、知性、興味津々、マイペースキャラ、温かみ、フランク、ピリッと……一言の選び方や言い方で、会話の流れや相手の印象をコントロールしましょう。

自分向け

「わかりやすさは世界を救う」

リアクションは「わかりやすさ」が重要です。話し手の場合は、わざと混沌とさせ、わからない言葉などを多用して聞き手の興味を引くこともあります。一方、聞き手の場合、相手に反応を伝える「リアクション」では明確さを追求しましょう。

スムーズに話してほしいなら、タイミング良くあいづちを打つ。興味のある話題を引き出したいなら、聞きたい話が始まったらわかりやすくテンションを上げる。話題や態度が不快なら、反応を鈍くする。要するにわかりやすく、気ままにが大事です。

鈍い反応をするのは一瞬心苦しいでしょう。でも、つまらない話をガマンして、相手を嫌いになったら関係性は終わります。お互いに心地いい関係でいるために不快なときははっきり伝え、「いつでも良い人でいたい」という執着を手放すのも大切です。

2 人が自然とあなたに夢中になる3つの秘訣

心を開いて「相手から」関係性が始まるコツ

心を開いているとは、親しく、本音を言い合い、打ち解けている関係。人と仲良くなりたいときは追いかける、媚を売る、盛り上げる……どうすれば良いのでしょう？

答えはシンプル。相手から「仲良くなりたい」と思ってもらうのがベストです。

でも、具体的にはどうすれば良いかを考えるとなかなか難しいですよね。そんなときは、以下の3つのポイントを思い出してください。

「仲良くなりたい」と思ってもらうための3ポイント

1 ▼ 人は、自分を信じ、尊敬し、好きになってくれる人と仲良くなりたい

2 ▼ 自分にとってメリットのある人と仲良くなりたい

1 人は、自分を信じ、尊敬し、好きになってくれる人と仲良くなりたい

人は自分を信頼し、尊敬し、好意を持ってくれる人を好きになります。そっけない態度をとる男性に魅力を感じる女性は、本能から考えれば不思議な心理です。

自分に好意を持ってもらう点では、自分を好んでくれる相手に対して「私なんかを好きになってくれてありがとう」ではなく「私を好きなんてお目が高い！ センスのかたまり」と自分への好意を相手の素敵さと評価できる状態が最高でしょう。とはいえ、なかなか自分で良いと思う相手に好かれることは難しい。だからもし、まだあなたが、周りからどんどん好かれる自分になれていないなら、まずはあなたが人を好きになること。

先にあなたから相手に、好意の第一条件「興味」を持つのです。たった1つでもかまいません。興味があるふりではなく、本気で相手に興味を持てば、相手もあなたに関心を抱

いてくれるかもしれません。ただし、心から興味を持たなければ、バレるし、あなた自身もつまらないはず。本当に興味を持てるポイントを探しましょう。

質問をし、相手の言葉を待つ。たとえばプロジェクトが成功したこと自体を「すごいですね」と賞賛するのに終始せず「うまくいったのって、元々の活動のなかにヒントがあったとか、昔からやりたいことだったとかあるんですか?」と他の人より1段2段深い興味を向けることで、相手は、「この人は、本当に自分のことを知りたいと思ってくれているんだな」と感じ、あなたに意識を向けてくれるようになるでしょう。

2 自分にとってメリットのある人と仲良くなりたい

前向きにわざわざあなたと関係性を築きたいと思ってもらうには、あなたが相手にとって「好いてくれるファン」以上の何者かになる必要があります。

あなたは、相手にとってどんなメリットがある存在かを考えましょう。「自分はこんなにすごいんだぞ」ととにかくプレゼン? いいえ、それでは「うざい」です。たとえば、同行カメラマンを探しているときに、「数学オリンピック優勝者の自分を、ぜひおそばに！」と言われても困りますよね。

メリットとは需要と供給の関係。相手のニーズは何か？　相手を知らず、メリットは提供できません。やはり、第一歩は相手に興味を持つことです。

笑顔であいづちを打ち、褒めるだけでも喜んではもらえるでしょう。でも、笑顔でなくても褒めなくても、重要なニーズを満たせば価値となり、自然と関係性が深まります。

3 自分にとって嫌なことをしない人と仲良くなりたい

どんなに良いところがあっても、嫌なことをされたら、嫌いになります。

人間関係は加点方式。人の良いところを見つけ、素敵な人に囲まれていたら、自分のことも好きでいられます。とはいえ、大きな減点はレッドカード、一発退場です。

以上3点すべて、人との関係で必要なのは本当の「興味」。

雑談上手になるための本はたくさんありますが、そもそも雑談は誰としても良い、あってもなくても良い、どうでも良い会話？　もはや、しなくて良いと思いませんか？

知らないことだらけでもう二度と会えないかもしれない、未知であり可能性に溢れた人が目の前にいるのに、なぜどうでも良い会話に、大切な時間を使うのでしょう？

相手は、どんな世界を見て、何を感じ、どんな文脈で言葉を発しているのか？　興味を持てば質問も会話も自然と生まれます。興味を足がかりに相思相愛になりましょう。

相手向け

「ちょっとガッカリするだろうけど、●●さんならわかってくれるだろうから言いますね」

言いにくいことを伝える際に大切なのは2点、考慮（興味）と信頼（好意）です。「ガッカリするかもしれない」と、まず相手の思考回路を理解し、相手の気持ちに考慮していると興味を表します。さらに、「あなたならば理解してくれるだろう」ともう一歩深い関係になりたいから本音を伝えるとして、好意と信頼を示します。

こうすれば、リスクを負っても、お互いがわかりあうことが重要だと考えて、わざわざネガティブを先に伝える正直さに、好感を持ってもらえるでしょう。

たとえば、「ガッカリするだろうけど、●●さんならわかってくれるだろうから……私、大人数が苦手で、もしパーティーで早く帰ったらごめん」と言えば、「私も得意じゃないよ」「大丈夫」「来てくれてありがとう」などの答えが返ってきます。

ネガティブは先に自己開示すれば、逆に仲良くなれるのです。

自分向け

「興味を持てない原因は、自分がつまらない人間だから」

なかには、人に対してなかなか興味を持てないと思った人もいますよね？

興味を持てない最大の原因は、相手ではなく、「自分がつまらないせい」です。

普段から人、物事に知的好奇心を持っていて、相手の専門分野に関する知識があったなら、面白かったはずなのです。あなたが人といてつまらないのは、あなた自身の好奇心と知識が少ないために、物事に興味を持てないつまらない人だからです。

長期的な付きあいでなくとも、仕事相手なら？　仕事の成功に円滑なコミュニケーションは大切。相互理解の必要はあるのだから、その意味で興味を持てるはずです。相手が無口でも関係ありません。なぜそんなに話さないのか、生育歴か、あなたとの関係性なのか、むしろ興味がわくはずです。

そもそも、人にまったく興味がない？　そう思ってしまった場合は、こう考えてください。この世界では1人では生きられず、人との関わりは避けられません。ならば、楽しくご機嫌に生きるには人の背景や生態を知る必要があります。人類というサンプルは、多ければ多いほど良い。だから、全員が興味の対象なのです。

犬のキラキラ目には敵わない

さて、人に興味を持つのが大事と散々言ってきて恐縮ですが、どうでもいい人のどうでもいい話を楽しそうに聞かないといけないこともあります。実際、私自身も相手に興味を持つのが難しく、悶絶しそうなときもあります（笑）。

そこで、**興味がなくても本気で興味を持っている風になれる裏技**をお伝えします。

興味津々に聞かないといけないのに、**心底興味を持てないときはどうすれば良い？**

答えは簡単。角度を変えて、**「違うことを一生懸命に考えれば良い」**のです。

相手の瞳に映る自分を見る。「なぜこの話が楽しいのだろうか」と相手の熱意や人間性に思いを馳せる。話の内容を気にせず、興味津々ポイントを探します。

「ごはん！　ごはん！」とペットの犬からキラキラした目で見つめられたら、抱きしめたくなります。**「ごはん」だけで「あなた」のことなんて1ミリも思ってないとしても、瞳や行動からは、本気であなたに向けられた思いが伝わります。**

何に対しても、真面目に向き合い過ぎると疲れてしまうことってありますよね。

適度に気を抜き、自分の興味を優先し、気分や役割、真実、相手に見せる姿について良い塩梅を探します。**たまには「真面目に不真面目」こそがご機嫌の秘訣**です。

相手向け

「（無言という真剣さ）」

あいづちを忘れるほど真剣に聞いているというのは相手に伝わります。そのときの表情、目の状態、感覚を自分で知っておきましょう。

機会があればその顔を鏡や映像でチェックして、自分が思ったよりも間の抜けた顔になっていたら、意識的に真剣な顔をできるように練習しておきましょう。

自分向け

「たまらない『キュン』ポイントを見つける」

自分にとっての普遍的キュンポイントを探してみましょう。

たとえば、私は幼い頃から、人の服を見ると「あの服は、『似合うように』と願いながら自分や誰かが選んだのかな」と考えると、可愛く思えて興味がわきます。

会話内容がベストですが他でもＯＫ。興味や愛がわく、「キュン」を探しましょう。

3 瞬間ではなく、人生に寄り添う聞き方の奥義

相手の素性やここまでの人生に思いを馳せる

あなたは、相手の1つひとつの言葉から、どれだけの深みを感じていますか？

「人に寄り添う」とは、相手の機嫌を取り、「そうですね」と共感することではありません。寄り添うことは、相手の人生に思いを馳せることです。何を感じ、どんな人生を送り、今の相手の姿に至っているのか、そのすべてを愛することです。

発する言葉や単語を辞書的な意味で受け取らず、その人がその言葉に込めた意味を考えます。言葉より、言葉を発した背景にこそ、意味があるのです。

ピカソの有名な逸話で、ファンの女性に「お礼はするから、何か簡単に描いてほしい」とレストランのナプキンを渡されたとき、彼は30秒でさっと描いた絵で100万ドルを請

求したというものがあります。女性は「30秒で描いたのに」と驚きましたが、ピカソは答えます。「いや、30秒ではないよ。40年と30秒かかっているんだ」。

このピカソの40年と30秒のように、たった一言には、相手の何十年もの人生すべての文脈が込められていると意識し、本当に読み取るべきメッセージを考えてみてください。

相手の発した一言の奥深さ、背景を感じ、相手の世界観に寄り添いましょう。

相手向け

「なぜ○○を大事にしているんですか？」

人は、自分が大事にしているものを大事にしてくれる人を好みます。なぜなら、大事にしているものは、生きる意味をくれて、共有できる人は仲間になるからです。

相手が大事にしている物事を知ったら、なぜ大事にしているのかを尋ねましょう。

同じものを大事にしている人はたくさんいても、大事な理由、きっかけは1人ひとり違います。相手の色眼鏡をかけて、相手の大事にしているものを眺めてみましょう。

自分向け

「この瞬間を、どんなきっかけにしたい？」

目の前の人と関わるその瞬間を通じて、あなたはどうなりたいですか？

人生年表という人生のターニングポイントとなった出来事を年表のように書き記すものがありますが、実際、どんな瞬間もあなたの人生の転機になる可能性があります。変わるきっかけがほしいなら、「これがきっかけで変わった」と思える行動を心がければ良いのです。私はかつて「一日一変」を掲げ、365日毎日「変化」という気づきを得ようと行動していました。**きっかけは何でも良い、どう変わっても良い**のです。

「今この瞬間を変わるきっかけにしよう」と意識すれば、**どんな瞬間も、素敵な物語を描く主人公として生きられて、相手はきっかけの人という大切な存在になります。**

3つのトピックを行き来する

相手を知るには、先ほども申したように、過去、現在、未来、3つの視点を持ちましょう。「過去」は「現在」につながり、「未来」への布石になります。

定番の質問は、「なぜ」「いつ」「どこで」「誰と」「何を」「どうやって」です。

たとえば「現在→普段の生活、やっていること」「過去→きっかけ、経験」「未来→目指す姿、モチベーション」などを尋ねます。

成功している人と対話するなら、「うまくいくコツ」「人と違う成功の秘訣」「大事だと思うポイント」などを聞いて、自分に活かすのも良いでしょう。

現在の姿は、過去や未来とつながっています。今この瞬間までに相手が経験した何十年という歳月のなかに、今の状態に至る理由、思考の形成、世界観、死生観に関わる経験、視点、感じ方など、あなたには想像もつかない何かがあったのです。「きっとこうだろう」という思い込みフィルターを外せば、質問は無限に浮かぶはずです。

人は自分に興味を持ってくれる人が好き。「なんで興味があるの？」「質問上手だね、経験があるの？」と聞かれたら、相手があなたに興味津々になった証拠です。

相手向け

「きっかけは何だったんですか？（過去）」「なぜその活動をされているんですか？（現在）」「ゆくゆく目指していることとかあるんですか？（未来）」

相手の活動について、過去、現在、未来を聞いてみましょう。時系列で聞く必要はなく、話しやすい順番で話してもらうと良いです。

行為自体より、なぜやっているかなどの想いに、価値観は隠れています。会う予定があれば最低限、プロフィール、実績、インターネット上での発信をチェックするのがオススメです。加えて、話す機会があるなら、公では聞けない話、言語化されていない想いを聞きましょう。直接聞いて初めて、熱量が伝わり感覚でわかることもあるはずです。

対話はシンフォニー。あなたとの対話だからこその言葉を紡いでもらえるよう、意識してください。相手が自然に、思いや情報をわかちあってくれることを目指します。でも、どうしても相手に対して相容れないこともありますよね。そんなときは、

自分向け

「私みたいな人生を生きてきたら今の私みたいになる。相手みたいな人生を送れば今の相手のようになるというだけ」

誰かを見て、「気が知れない」「なぜこの人はこんなななのだろう」と批判や軽蔑の思いがわいたら、相手が現在の姿になった経緯や背景に興味を持ちましょう。

もしも自分が相手と同じような人生を歩んだら、相手と同じような人になっていたかもしれないというのを忘れてはいけません。

ひどいことでも、「ひどい」と思える感覚、そのようなことをしてはいけないという信念を持てること自体があなたの幸運。価値観の違いは、経験や感覚から生まれます。あなたが人を大切にできるのは、大切にされる喜び、大切にされない悲しみの経験、人が悲しむ姿を見て「悲しい」と感じる感覚のおかげかもしれません。

今のあなたは、環境や経験、生まれつきの性質、感覚でできています。努力も関与しますが、道徳心や価値観は環境要因が大きく、別の環境で育てば違っていたでしょう。この視点を持てば、他者への理解が深まり、共有できる感覚も増えるはずです。

4 自分勝手に聞くことこそが、自分も相手も楽しむ条件

相手の目で、一緒に世界を眺める

人の気持ちがわからない？　だからこそ大事なのが、相手の態度や表情、思考を自分の物差しで判断しないこと。相手の視点で、一緒に世界を見る意識を持つのです。

あなたが相手のことをどれだけ考えようと、気づかれないだろうし余計なお世話。感謝、尊敬を求めるのは違います。考えたいときは考える、考えなくて良いと思ったらズレに気づいても放っておく。自分の将来のために、多様な視点を持ちたいから、人と自分の視点のズレを意識し、相手の気持ちや思考、感覚を予測し、より適切な伝え方をするための練習を勝手にしているだけです。「すべては自分のため」なのです。

相手向け

「こんなときこう感じると思いますが、それと近いですかね？」

相手が頭のなかで描いているイメージをそのまま見せてもらうことはできません。理解しづらいけれど、相手の視点や相手の世界に近づくための試みが、この言葉です。

営業研修の「20の質問」ゲームでは、相手が決めた言葉を質問で当てます。たとえば「メロン」を選んだら、「触れますか？↓触れます」「食べられますか？↓食べられます」「素材ですか？　料理ですか？↓素材」など質問と回答で答えを絞ります。

じつは、普段の対話も、話しながらお互いのイメージを当てる遊びの連続です。

感覚を理解するには、言葉だけより相手が「感覚」でわかるように工夫します。

たとえば何かについて「簡単だよ」と言われても、自分にはとても難しく感じるとき。「意外と簡単なんですか？」と聞くより、「慣れたらできるのか、センス次第か、どっちですかね？　たとえば料理も最初はレシピを真剣に見ながら醤油の量もいちいち大さじやグラムで計りますけど、そのうち慣れれば適当にできるようになりますよね？　それと近いですか？」と聞けば、感覚が伝わります。そして「そうそう」「いや、というより」という対話を通じて、相手の意図を徐々に理解していけるのです。

たとえ話を用いたり、相手の得意分野に置き換えたり、言葉だけで無理に押しはかるより、エピソードやストーリーを通して相手の感覚を考慮し言葉を選びましょう。

自分向け

「私はそう感じないけれど、そう感じる人の思考を考えてみよう」

相手がその言葉を選んだ背景や意図、思考を考えてみましょう。

自分のフィルターはすぐには外せないものですが、相手の感覚を理解する過程で、人としての幅が広がります。心に響く、伝わる話し方、寄り添う聞き方をできるようになるために、人の思考回路や感覚、気持ちを意識して取り組みましょう。

あなたの一言で、あなたは楽しく、相手は輝き始める

「つまらない人だから」「大したことがないから」と片付けるのは簡単です。

でも、繰り返しになりますが、つまらないのは相手ではなく、あなたがつまらない話をさせているから。間違ったリアクションをしているか、リアクションのサインが誤解されているか、質問がうまくできていないか、原因はあなたのスキル不足です。

また、どうしてもつまらないなら、あなたが話せば良いのです。相手に「あなたの話を聞きたい」と感じてもらえれば、自分が話してばかりでも嫌われません。話しているときも、聞いているときも、あなたのスキルがあれば相手はキラキラ輝きます。

あなたが相手に見切りをつけるのは、あなたがあなたに見切りをつけるとき。あなたが「あの人はつまらない」と諦めるのは「自分は無力だ」と認めるのと同義です。

ただし失敗しても大丈夫。質問失敗、警戒された、一方的に話し過ぎた、どれも未来の誰かと最高の時間を過ごすのに必要な経験です。相手が輝くまで試しましょう。

相手向け

「私はあなたのことが好きだから、知りたいだけ」

たまに「なんでいろいろ質問するの？　興味ないでしょ？」と言われ、心のなかで「強い興味はないけど面白い話が出るかなと思っただけ」「頑張って質問してるだけ」と思うとき。そのままは言えない……なら、「あなたのことが好きだから」と答えましょう。

嫌いな人には言わないほうが良いですが、案外「ふふん」と喜んでもらえます。

自分向け

「今この瞬間、自分の力で変えられる」

会話も講演会も質問、ツッコミ、リアクション次第。話し手と聞き手でつくり上げます。もし今、あなたが素敵なリアクションをしたら、至高のスピーチが始まるかも。

時は金なり、命なり。せっかくなら「最高」と思える時間に変えてみませんか？

5 章

仕事の成果&ステージがグーンと上がる「モノの言い方」

親しい人ほど丁寧な「モノの言い方」が必要

何十年も一緒に働いていて、以心伝心ならそれでも良いでしょう。
でも、たとえ隣に座って同じ方向を向いていても、違うものを見ていることってありますよね。

だからこそ、お互いの考えを確認しあい、自分の考えを小学生でもわかるように意識して、1つひとつを丁寧に受け取り、伝えることが大切です。

初めて仕事をする人に対して、つい自分の思い込みで仕事を進めてしまい、結果としてトラブルを起こしてしまった経験はないでしょうか。

「そんな感じで、また」と言ってわかりあえた気がしていたのに、**「全然通じていなかった！」**と気づいてビックリしたことがあるのは、きっとあなただけじゃないはず。

言葉にしなくても、言いたいことをわかりあえるのは素晴らしい。
でも、せっかく言葉があるのだから、言葉にしてわかりあえていると感じながら、進んでいくほうが良いですよね。

話すときも聞くときも、仕事でもプライベートでも、良い結果をもたらす人は、

・わからないままにしない
・無駄な遠慮ばかりしない
・相手のために自分の考えを伝える

スタンスをハッキリさせています。
だから迷わない、疲れない、結果的に気分良く生きられるんですね。
当たり前かもしれませんが、じつはこれ、なかなか高度な技術が必要です。

次ページからは、人生を豊かにするために、「なあなあで誤魔化して結果が出ない」ではなく、「着実に仕事で成果を上げて、自分も周りも輝かせる」秘訣を見ていきましょう。

1 仕事のミスは、コミュニケーションのミスがほとんど

仕事を通して人生をさらに充実させる

ところで、**あなたは仕事が好きですか？**「仕事とは」と調べると「しなくてはならないこと。特に、職業・業務」など、あまりご機嫌そうではない言葉が並びます。でも**大丈夫。仕事、お金を得ることで、さらに人生が輝く3つの理由**があります。

仕事で人生がさらに素敵になる3つの理由

1▼ お金を得られて、人生の選択肢が広がるから
2▼ 社会や人とつながる、最高の接点になり得るから
3▼ あらゆる貢献の証だから

1 お金を得られて、人生の選択肢が広がるから

実現したい未来を叶え、ストレスを手放すために、さまざまな選択を可能にするのに、お金は最も有効です。人とのつながりは素晴らしいもの。でも逆に、素晴らしい人とどんどんつながる自由を手に入れるための切符が、お金でもあります。作家ドストエフスキーが「お金は鋳造された自由である」というように、望むことを、望む相手、場所、時間に行えるなど、仕事で得たお金で、人生の「自由」を手に入れられます。

2 社会や人とつながる、最高の接点になり得るから

「社会とラポる」と私は呼びますが、自分の成長はもちろん、この社会、世界の面白さを実感できる魅力的な接点、かけ橋（ラポール＝橋をかける）の1つが仕事です。

3 あらゆる貢献の証だから

人から感謝されたり、経済を回したり、お金を得ることは貢献の証でもあります。

このように、仕事は人生をより楽しむのに一役も二役も買う素晴らしいものです。

誰も悪くないのに溢れる「思ったのと違う」現象

仕事はもっともっと人生を楽しむためにある。にもかかわらず、仕事でストレスを感じたことがない人はいないのではないでしょうか？　親切な上司や熱心な部下、仲の良い同僚……。でも「思ったように仕事が進まない」とイライラしたり「なぜ、こんなことが起こるの？」と困ってしまうハプニングは日常茶飯事です。

仕事の問題はほぼヒューマンエラー、そして**コミュニケーションエラー**です。

機械や人工知能は指示どおりに動きます。そのため、適切な指示をすれば望む結果を得られます。「意地悪をしてやろう」「調子に乗っているから失敗させよう」「これは自分のタスクではないはずだから、やらない」などと反抗はしません。

一方で人は、サボりたい、調子に乗っている人を戒めたいなど**無意識に非協力的なこと**を考えます。また「ある物事を、自分はどの程度わかっているか」という自分の物事の理解度への認識は、**返事の元気さ、自信の有無に関係なく、人によってまちまち**です。

営業や接客業でなくても、私たちは常に人と仕事をし、予測不能にみまわれます。なぜなら、人と関わって進めていく仕事では、次の3つによる結果の変動率が高いからです。

わかりあって良い仕事をするための絶対必要条件3つ

1▼ お互いに気持ちを察して、気遣いをする必要がある
2▼ お互いの思い込みに気づき、正しく聞き、伝える必要がある
3▼ お互いの理解度を把握するには、相手よりずっと深く内容を理解する必要がある

1 お互いに気持ちを察して、気遣いをする必要がある

人の気持ちは「本人にとっては正当」でも、他人からすると「急にどうしたの?」ということばかり。気持ち良く仕事をするには、些細な言い回しにも気を配る必要があります。

・「あの人に言われたら頑張ろう」と思ってもらう

・「自己都合で頼ってくる人」と思われないように普段から気を使う
・偉そうにせず「これは間違いだから、こうやってください」と的確に指示する
・反抗的だと思われずに「こっちのほうが良いと思います」と提案する

あれこれ気遣いすることを考えると、ちょっと面倒くさいと感じることもあるでしょう。でも、意思疎通で理解が深まり、協力しあって結果を出したいという気持ちが生まれれば、仕事を通じて、本気の絆ややりがい、喜びを得られます。

2 お互いの思い込みに気づき、正しく聞き、伝える必要がある

人は常に思い込みに基づき、察し、考え、行動しています。「思い込みなんてありません」という人は、単に自分の思い込みに気づいていないだけです。

では突然ですが、質問です。今「あなたは何をしていますか?」

本を読んでいる? 人によって「読書です」「休憩です」「勉強してます」「自分に役立つ部分を参考にしようと思って」などさまざまな解釈をしているでしょう。

たとえば「この本を読みなさい」と指示されたら、皆自分なりの「読む」行為をしますよね。そして、もしもあとになってから、「全然内容を覚えていないじゃないか」と非難されたら「覚えなさいとは言われていないよ」と理不尽さを感じるかもしれません。

重きを置くものが皆、少しずつ異なる仕事のコミュニケーションでは特に、「思い込みで発言し、思い込みで受け取る」を踏まえたやり取りが重要になってくるわけです。

3 お互いの理解度を把握するには、相手よりずっと深く内容を理解する必要がある

思い込みと似ていますが、仕重では「理解度」の共有が大切です。

何度説明しても、理解してもらえないことはしばしばあります。

たとえば上司やクライアントに「時間がかかります」と伝えても、すぐに結果が出ないと不満を抱いてしまう。自分なら即座に結果が出ると思い込む人も多いです。「なぜ、すぐに結果を出せないのか」を理解してもらえるよう、案件に必要な複数の要素、手順、そ

れぞれの工程にかかる時間を伝えて、初めて相手に納得してもらえます。

理解度を正しく認識しないと話は通じません。理解不足の気づきこそが理解のスタート。そして相手の理解度の把握のために、自分はそれぞれを深く理解しておくことです。

相手向け

「ここまで大丈夫ですか？　少しでも気になることがあったら、私も知りたいので言ってくださいね」

確認は失礼な気がすることがあります。なぜなら、相手の話がわかりにくいため、もしくは相手の理解度が不安なために、確認が必要になると思えるからです。だから、単に「わからないことはありますか？」と聞いても、相手は質問をしてくれません。

とはいえ、確認不足で起きる問題に比べれば、確認の一時的不快感は微々たるもの。ただ「しつこくて申し訳ない」「拙《つたな》い説明ですみません」など自己卑下のし過ぎは良くないです。だから代わりに、「私も知りたいので」という前向きな意図を付け加えます。

他にも、「できるだけわかりやすくお伝えしたいので」「自分ではついわかった気になってしまうので」「質問をしてもらえると、より良いご提案ができることもあるので」など、「質問は良いこと」と思ってもらえる一言を添えましょう。

自分向け

「相手も自分も基本的にお互いの話を聞いてない」

「うんうん、わかるわかる〜」と言っていても、「何が?」と聞かれたら「何の話だったっけ?」なんてなることってありますよね。

人は人の話を聞いていません。聞いているようでも聞いているつもりでも、言葉は右から左へ抜けていく。「基本的に聞いていない」と思っておけば間違いありません。

大事なのは、他人が聞いていないことよりも、「自分も聞いていないかも」と自覚することです。

問題は聞いていない事実より、理解しないで理解したつもりになってしまうこと。

自分がしっかりと聞いている前提ではなく「自分は聞けていないのだから、仕方ない。でも、理解したいから聞いてみよう」と考えて、気軽に質問してみましょう。

2 阿吽の呼吸こそが失敗の元

「わかっているはず」を排除する

日本人の三種の神器とも言えるくらい素晴らしい能力、阿吽の呼吸。微妙なニュアンスを言葉にしないで共有し、自然に息を合わせます。あなたにも、「あの人とは、阿吽の呼吸だな」と思い当たる人がいるかもしれません。でも、果たして相手はあなたと同じように感じてくれているでしょうか？

「そんな感じでいきましょう」と皆で盛り上がって、1人になってふと「え、どんな感じ？」。私は仕事で、**自分と相手の「そんな感じ」の解釈のズレに驚く**ことが何度もありました。一時的には阿吽の呼吸で、皆でしっかりとわかりあえている気がするのに、ズレが明らかになるタイミングで「一体いつからズレていたんだろう？」となるわけです。

だったら最初から、自分も相手も「わかっていないかもしれない」「わかりあっていないかもしれない」前提でいれば間違いありません。

そもそも、阿吽の呼吸にする必要がどこにあるのでしょう？　イメージを理解しあうためにせっかく言葉というツールがあるのだから、言葉を駆使すれば良いのです。

何もわかっていない前提ですべて伝えても、相手は自分に必要ないと感じる部分は、勝手に聞き流し、読み飛ばしてくれます。伝える際は常に「自分は何もわかっていない」「相手も何もわかっていない」という意識で意思疎通を行うのが大切です。

相手向け

「私、ちょっと理解が追いついてないので、前提から確認させてください」

阿吽の呼吸で話が進んでいるようだけどよくわからないと感じたら、声をあげましょう。「何を伝えたくてこの話をしているのか」のポイントを伝えず、話し始める人は多いです。あとから「重要なポイントはさっきの部分だった」と気づくのは困ります。

よくあるのは、話の内容以前の「前提」に関する勘違いです。前提がズレているから、重要だと思う箇所やメモをするポイントがズレて、真剣に話を聞いても、ズレたとらえ方、理解不足で伝わっていない。こんなのお互いに残念ですよね。「こんなことを聞いていいかな？」と思うかもしれませんが、無駄なやり取りやトラブルを避けるため、前提の確認を怠らないようにしましょう。

自分向け

「『は？』と思ったら、グッと堪えて『それってどういう意味ですかー？♪』」

たまに、とんでもなく失礼なことを言われたと感じることってありますよね。しかし、ほとんどの場合、相手に悪気はなく、無意識か、善意としても解釈ができます。それにもかかわらず、血の気が引くほどひどいと反射的に感じてしまった。そんなときは、すぐに、あえて意識的に、あっけらかんと真意を聞き出すのが大事です。

感情を抑え込むと、他人に対する不信感という潜在的なストレスを抱えることになります。相手に悪気はないのに、自分だけが傷ついているなんて、もったいない大きなマイナスです。ストレスは特定の相手との関係だけでなく、他の人との関係にも影響を及ぼし、「自分がダメだからかな……」と自信を失うことにつながりかねません。

即座に「どういう意味ですかー？♪」と聞けば、大概ひどい意味ではありません。無駄な恨みを抱かないため、イラッと来たら、すぐに「どういう意味？（笑）」。相手に悪気がないとしたら、あなたをいじめているのはあなた自身になります。そんな残念なことにならないよう、自分を大切にストレスを取り除いてあげましょう。

察する力不要の意義あるコミュニケーションへ

たとえば、「3cmの線」と言ったら、皆似たようなものを思い浮かべると思いきや、色、太さ、素材、向きなどそれぞれ違うものをイメージします。だから、デザインのディレクションでは、言葉と具体例を組み合わせて伝えます。「これを参考に良い感じで」では、どの部分の何をどう参考にするのかがわかりません。「この部分は、このサンプルのこのニュアンスを真似してほしい」と細かく伝える必要があります。

同じ言葉でも、表現したい内容、持つイメージ、背景にある意図はそれぞれ。

スウェーデンのように、母国語も文化的背景も皆異なる国では、人によってとらえ方やイメージが異なるのは当たり前なので、抽象的な感覚の言葉で終わらせず、絶対的な要素の組み合わせで意思を表現しようとお互いに努力します。

これはいわゆる海外と日本のコミュニケーションの違い、文脈や背景に頼らずに言葉自体に重きを置く海外の「ローコンテクスト」と、常識や文化など言葉にされていない背景、概念の共有が前提でやり取りされる日本の「ハイコンテクスト」の違いです。

日本人同士の日本語での会話では、無意識に「相手は自分と同じことを意図している」と思いがちです。一番の問題は「自分は日本語をちゃんと使えている」とほとんどの人が思い込んでいること。なんとなく会話が成立しているのは、じつはお互いが日本語や言葉に対して鈍感なためかもしれません。

相手が理解してほしいのは単語ではありません。言葉で表現したい概念やイメージです。大切なのは、言葉の定義と意図の確認と、正しい思いの伝達です。

相手向け

「この部分は●●さんのお役に立てると思います。そのうえで、こうしてもらえたら私も嬉しいのですが、いかがでしょうか？」

自分を大切にすることは、他人を大切にすること。

自分を大切にすることを受け入れてもらうには、まず相手を大切にする姿勢を示し、自分から相手に役立つ提案をします。もし相手が一方的な提案をしたら、「Win－Winのためにこんな形はいかがですか？」と提案しましょう。

自分だけが得しようとしたら、同様に自分だけが得しようとする人が近づいてきます。

自己犠牲は、知識や努力や信頼不足、あるいは怠慢で引き起こされます。

お互いを大切にするとうまくいく形を、お互いが理解しあうなかで探しましょう。

自分向け

「わかってほしいなら、自ら声をあげよう」

わかってほしいならば、「どんな理由で、何を理解してほしいのか」をわかりやすく伝えましょう。加えて、話を聞いてもらうために、「これは聞く価値がありそう」「自分の役に立ちそう」と相手に感じてもらえる形で、伝えられるとさらに良いです。

黙っていたら、不満があっても、相手からすればノーサイン。他責にし、陰で悪口や文句を言って相手を責めたら、意地悪な人は、あなたのほう。問題だと感じているのに対処をせず、勝手に腹を立てるのは、完全にあなたの1人芝居です。お願いは思いっきりわかりやすく、相手に望むことはハッキリと伝えましょう。察してくれないと被害者ぶるのは間違いです。

1 状況を理解し、伝わる言葉や表現を選ぶため、自分は察する力を上げる

2 相手は察しなくても良いくらい、わかりやすく伝える

自分から意見を言う際は、この2つを心がけましょう。

なあなあにしたいときこそ、ハッキリさせる

複数人での打ち合わせでよくある光景。

「まあ、その辺りはぼちぼち」

「適当にその辺の人たちで」

「タイミング見てやりましょう」

いかがでしょう。あなたも日頃、つい言ってしまっていませんか？　「いつ」「誰が」「何を」を明確にしたくない空気はわかります。なぜなら、これらを言語化すると**「責任の所在」が明確**になってしまうからです。

「言ったからにはあなたが進めてください」となったり「なぜあなたは関係ないのに、くどくど言うんですか？」と思われたり「細かい奴」と煙たがられたり……。

でも、**自分が積極的に取り組んでいること、成功させたいこと、結果を出したいことならば、なあなあで終わらせてはいけません。**

明確にすべきは3つのポイントです。

1▼ネクストアクション　次に何をするか
2▼責任者　決定権・決裁権は誰にあるか
3▼アクションタイミング　いつやるか、あるいはやる・やらないを決めるか

3つが明確でないと「あの話どうなった？」「誰も言わないし」でときが過ぎます。

責任逃れができるうちは良いですが、曖昧さのために無駄な作業に時間を費やすことになってしまったり、せっかくやったことが評価されなかったりするわけです。

特にリーダーならばここに切り込む役割を果たすべきです。下の立場のほうが軽く言いやすいこともあります。中間管理職は、行動やタイミングの管理をする必要があります。

つまり、どの立場でも「なあなあ」には切り込めます。一度、積極的に切り込むと「言ってくれて助かった」と感謝され、曖昧な合意は皆もじつは困ることに気づけます。

ぜひ、自分のためだけでなく、周りのためにも、なあなあに切り込みましょう。

相手向け

「私あんまり空気とか読めなくて……で、どうするんでしたっけ？」

ソフトに切り込むのに「空気が読めなくて」は非常に便利な言葉です。本当に空気が読めない人は、自分が空気を読めないことに気づきません。つまり、「空気を読めていないのですが」と言う段階で、実際には空気を読めていると気づいてもらえます。

そのうえで、自分の理解度が低いせいにして、核心をつきます。

普通に「まだここ決まってないですよね？」と言うと、きつい印象を与えたり、偉そうと思われたりします。そういうキャラクターならばそれはそれでかまわないのですが、重要なのは、無駄に敵をつくらずに、「あの人はじつはいろいろ理解しているんだな」と思われて、発言に耳を傾けてもらい、役に立つことです。

自分向け

「自分がわからないことは、大体、皆もわかっていないから、聞こう」

「こんなことを聞いて良いの？」「わかってないのは自分だけ？」と不安なとき。「私がわからないことは、他の誰かもわからない」と心のなかで唱えましょう。実際、自分がわからない、理解が曖昧なことは、他にもわからない人がいるはずです。

だから、他人のためにも、勇気を出して質問しましょう。あとで「じつは私もわからなかったから、あなたの質問で助かった」と言われたら嬉しいですよね。

自分の疑問や不明点を率直に表現すれば、コミュニケーションを深められ貢献できます。周りも似た疑問を抱えていれば、助け合い成長し、解決策も見つけられるかもしれませんよ。

3 意見する前に考えるべきこと

相手の立場に本気で立つには

「自分の意見を主張するのが大事」と言われますが、そもそも「主張の目的」とは？　何でも良いから言えば良い？　確かに、子どもの頃は闇雲でも「意見を言えた」というだけで褒めてもらえるかもしれません。でも、大人になってからは違います。

意見は「相手と自分のために、必要な提案をする」、あるいは「お互いにとってより良い結果を生むためのきっかけ、ヒントとなる情報を届ける」ために行うもの。お互いにとって有益な情報で結果を出すのに必要だからこそ、意見を述べる価値があるのです。

主張は大切です。でもそれは、お互いのために、わざわざ意見すべきことがある場合に限ります。外資系大企業では、事前に資料に目を通し理解して、意見を持って会議に臨むということもありますが、一般的にはそこまではありません。「こんなことを言って良い？」「すべてを理解はしていないけど」と思いながらでも、新しい視点で提案できることもあります。ただし、何も考えていなければ、そもそも主張がないのは普通です。

注意すべきは、無闇に意見を言うのではなく、その意見がどんな良い結果をもたらす可能性があるのかを自分で考え、最低限自分では意見の必要性を自覚することです。

意見割れは喧嘩ではありません。「この立場なら、この考えになる」を伝え、お互いのために代替案よりも良い最高のオプションCを見つけます。場合によっては、自分の意見に対して、相手の反論を相手の10倍考えるくらいの心意気が大切です。

私の趣味の1つに、自分1人で主張とあらゆる反論を考える「1人ディベート」というものがあります。たとえばテーマ「ビジネスでコミュニケーション力は重要か」なら、「コミュニケーションができないと人とうまくやれないから大事」「コミュニケーションが不要になるようなシステムを使う」「コミュニケーションが得意な人と組む」「人に頼んで揉めるコミュニケーションのストレスと、やりたくないことを自分でやるストレスの度合い」などさまざまな可能性を考え、各主張について調べます。

「いろいろ考えたうえでこれが最高」と伝えられれば、もし反対意見があっても、「それもごもっともですが、こう考えました」と言えます。逆に、自分では思いつかないような考えに出会えたら「大事な視点をくれてありがとう」と主張しあうことの素晴らしさに一層気づけます。

お互いのために主張をしましょう。反論まで想定して、お互いのために最高の答えを導き出しましょう。

相手向け

「それは、どのような思いから考えたことですか？」

相手の意見に対して、言葉を受け取るだけでは不十分です。相手は「なぜ」「その内容を」「今のタイミングで」「あなたに」言ったのでしょう？

重要なのは、内容よりむしろ、主張したいと感じる理由や思い、背景です。

言葉だけでなく、表情や仕草も相手の「主張」です。行動や反応の背後にある思考回路を考えてみましょう。直接的に「なぜそう思うのですか?」と尋ねて答えを聞いたら、その答えについてさらに「なぜそう答えたのか?」を考える必要があります。

無意識や本音はなかなか言葉になりません。相手が本当に伝えたいことは何か、主張を理解できたとしても、受け入れるかどうかは別問題。相手が言いたいことを考慮して困ることはありませんし、相手の真意を汲み取る気持ちを常に持ちましょう。

自分向け

「言葉をそのまま受け取らない」

どの言葉も、単語の意味だけを受け取らないのが大切です。言葉は意図を伝える手段ですが、ある意味では「言わされた」もの。シチュエーション、タイミング、相手次第で予想外に口にすることもあります。言葉の裏にこそ重要な意味があるのです。

なぜその言葉になるのかがわからない場合は、独り言でもかまわないので、実際に自分の口に出してみることをオススメします。目的は、そのような言葉を発する人の気持ちを知ることです。感覚は異なるかもしれませんが、聞くだけと、自分で言葉を口にするのでは、感覚や感情が異なります。表現された言葉だけでなく、その言葉で、何かを表現しようとしている相手全体を受け取るように心がけましょう。

自分の意見はいつでも伝える

逆に意見を伝えることが怖いという人はいませんか？

特に、売り込みたい商品やサービスがあり、自分の利益になる提案だと思った瞬間に、「意見を伝えること自体が悪い」というイメージを持ってしまう人がいます。そのような人が意見を控える理由は主に2つあります。

1 ▼ 押し付けだと思われる恐れがあるから

2 ▼ 嫌われたくないから

この気持ち、よくわかります。たとえば、営業という仕事のイメージとして「強引に売り込んでくる」「断っても引いてくれない」「相手のことを考えていない」というものがあります。でもこれって、本当に営業マンのせいでしょうか？

よくいらっしゃるのが、**お客様側の問題を相手（営業マン、意見者）のせいにする人**です。

お客様がはっきりとは断らずに「興味はあるんですが」「気になってはいます」などと曖昧でもほしいという意志を示されたら、営業マンは必要性を訴え、売り込みます。先に「今は説明されても買いません。内容には興味があるので、買わない前提で良ければ、聞かせてください」と言えば、営業マンのほうから「ではまた」と遠慮したかもしれません。またこれなら「今後、機会があれば」という断り文句も嘘ではありません。

営業でなくても同じです。**「私はAが良いと思います」はただの主張**、押し付けではありません。それなのに、ただ**意見を言っただけの人に対して「押し付けがましい」と感じる人がいるのが不思議なところ**です。もし提案に対して、意見が違うなら「私はBが良いです。どうするか一緒に考えましょう」と言えば良いのです。でも「あなたはどう思いますか？」と聞かなかったから押し付けとか、意見を求めたときは「そうですね」と言ったのに裏で「あの人は意見を押し付ける」と文句を言われることもあります。

だから、大事なのは、主張された側が被害者気分になれないように、意見を伝える際の対策をしっかり行うことです。たとえば、次のようにポップに伝えます。

「意見を言わないと、皆が完全同意だと思っちゃうので、気をつけてくださいね」

「私は自分の考えを正しいと思って全力でお伝えしますが、あくまで私の考え。判断はあなた次第ですからね」

最初からこの前提を伝えることで、「押し付けられた」を防ぐ土壌をつくれます。

押し付けではない、オススメは愛

そもそも、押し付けになるかは、相手の前提やとらえ方次第です。

「この冷蔵庫、めちゃくちゃ良いですよ」も「この冷蔵庫、絶対オススメです」も「この冷蔵庫、電気代が従来のモデルの半分なんです。家計を節約したいなら最高じゃないですか？」も押し付けではありません。

「あなたはこの冷蔵庫を買うべき！　じゃなきゃダメ！」が初めて押し付けです。

もし商品・サービスが本当に必要なら、相手が知らない情報や意義を説明し、必要性を感じてもらえるように、しっかりと伝えないことこそが問題なのです。

いやいや、オススメすると嫌われる？　「これめちゃくちゃオススメです」と伝えて、やんわり断られて、連絡が取れなくなって「ほら、嫌われた」となったことがある？　これは勘違いです、それは嫌われたのではありません。元々大した関係性がないのです。よほど相手に失礼な言い方や提案をしてしまったのなら別ですが、ほとんどの場合、わざわざ関係性を続けるだけの価値を、元々あなたが見出してもらえていないだけです。

自分の意見を伝えることはリスクではなく、押し付けは嫌われる理由にはなりません。むしろ、情報を相手よりも知っているとしたら、あなたには相手に新たな視点を提供し、知らない情報を伝えるという重要な役割があるのです。

意見は誰のためにするのか？　当然ですが、相手のためです。
伝えるのは誰のためですか？　当然ですが、相手のためです。
自分のためだけに言いたいことは、「王様の耳はロバの耳〜！」のように、人里離れた森にある穴に叫んでもらって、誰かに届ける必要はありません。

言葉を届けるのは、自分の利益ではなく「相手のため」。だから、必要な主張をしなくてはいけないのです。伝えるべきことを、相手のために届けるべきなのです（この本も、押し付けではなく、オススメ強めでお送りしています。だって、あなたにご機嫌で生きてほしいんですもの）。

相手向け

「どちらでも良いですが、私はこう思います。あなたもそう思いません？」

「どちらでも良い」と口では言いながら、心のなかでは「これが良いな」と思っていることってありませんか？　そんなときは遠慮せず、意見を伝えましょう。

ついでに「そう思いません？」と巻き込むと「そうですね、〇〇だから良いですよね」「いや、自分はそうでもないと思っていて」などと返してくれます。主張に加えて巻き込むことで、イエス・ノーの質問になり、相手の答えが具体化するのです。

これはお互いのために必要なプロセスです。「いや、じつは反対で」と言われると、自分が否定された気分になるかもしれませんが、それは自分のことしか考えていないからです。ガマンはするのもさせるのもストレス。一瞬否定された気がすることよりも、「お互いのために最高」を探すほうが大切だと思いませんか？

自分向け

「選択は相手に任せて、自分のためでなく、相手のために提案する」

自分って押し付けがましい？　と不安になることってありますよね。でも、相手に代わって感じ、思い、考えることはできません。最終的に、すべては相手次第です。

「自分が何かを言ったら、相手が影響されてしまうんじゃないか」と考えるのは、じつにおこがましいことです。

相手も大人。こちらも大人。あなたに何を言われたとしても、相手は相手の責任で考え、決断をしてくれます。

相手に必要だと感じる情報を提供したら、「あとはお任せ」と相手に委ねましょう。

4 仕事ができる自分になる

「仕事ができる」の第一歩は「自分、仕事デキるかも」から

「仕事ができるようになりたい！」でも、「仕事ができる」ってどういうこと？

「仕事ができる」とは、相手の意図を理解する、必要な情報を適切に伝える、部下にわかりやすく指示を出す、常に期待以上の成果を上げること……？　いいえ、それだけではありません。知識・スキルを磨き、社会の役に立ち、人としての幅を広げ、精神的・経済的にさらに豊かに生き、人生を最高に楽しむための礎を築くことです。

仕事ができるようになりたいなら、まずは「自分は仕事ができる」と思うのが第一歩。

「仕事ができる人はどう考えるか？」「仕事ができる人はどう行動するか？」を想像して

実践する。つまり、仕事ができる人になりきるのです。

私は新卒でヤマハ音楽教室の講師になった際、「こんな問題のある生徒さんがいる。先生のクラスに入ってもらっても大丈夫ですか？」と聞かれ、特に何も考えず、「もちろん大丈夫です。お任せください」と答えました。結果、私が担当したそのクラスの生徒たちは通常のクラスではなく、上位の特別コースに進むことになりました。

ファーストフードのアルバイトは半年間研修から上がれずクビになり、店長お墨付きの仕事ができない人間でしたが、大人になってから突然、「自分って、じつは天才なんじゃないか？」と思ったのをきっかけに、他の人と異なる視点でミスを見つける能力が伸び、別の会社で入社から数ヶ月でマネジメントのポジションになりました。

単に根拠のない自信を持っただけでしたが、それがきっかけで、一味違う「すごいこと」を考え、実行する意識が芽生え、結果に結びついたのです。

自信だけでは足りません。具体的な行動として、自分のポジションよりも1つ上を見据えて、考え、実践、結果が出る。だから気分はますます「できる人」。

もしあなたが「仕事ができるようになりたい」「成果を出したい」と思うなら、最初は言葉だけでもかまわないので、「できる人」と思い込んでみてください。その**気分を存分にご機嫌に味わったら、具体的に「そのためには？」を本気で考える**のです。

仕事は1人では成り立ちません。お客様がいて、協力する相手がいて、自分以外の人がいることで、**私たちは社会に価値を提供できる**のです。

仕事を通じて、人とつながり、役に立ち、相手の可能性を広げてあげることもできます。**自分のスキルや言葉を磨き、相手に価値を提供できる側**になりましょう。

相手向け

「お互いにとって一番良い形を一緒に探すので、安心してください」

仕事はお金やサービスのやり取りがあるため、提供側・享受側に二分されるイメージがありますが、実際は違います。お客様との関係、ビジネスパートナー、社長と社員でも、お金を支払う側と受け取る側を設定し、**お金を介すことで、お互いがより良い状態になるためにつながる、精神的に対等、イコールの関係になれるのが仕事**です。

たとえば、コンサルティング業では、アドバイスでお金を得る一方、アドバイスのおかげで成果が出てクライアントもお金を得られるため、両者の関係はイコールです。スーパーマーケットも、お客さんは野菜を買って健康になれる、スーパーマーケットは野菜の売上で利益を得る、生産者さんは売上が上がる、すべてイコールです。

やってあげる側とやってもらう側は、お金のやり取りでイコールになり、本質的に「お互いの人生を良くする」という願いは同じ。持続的な関係のため「自分だけが得をしたい」の誘惑に負けず、お互いを尊重、利益を拡大させたいですよね。

もしも「不当な扱いを受けている」と思うなら、その場から去るか、お互いの目指す対等を実現するための取り組みを行い、必要に応じて自分が変わる必要があります。被害者も加害者も存在しません。仕事のつながりはすべて、お互いがともに協力しあい、成長し、さらなる価値を生むための仲間なのです。

仕事だけではありません。皆が人生を素敵にするためのご機嫌な仲間なのです。

自分向け

「自分はめっちゃ優秀！　仕事ができる！」

自分が思い込みたいこと、周りに思ってほしいことを口に出してみましょう。早くて半年、遅くても2年ほどで自然と身についてくるのを実感できるはずです。

言った瞬間「まだまだだなあ」と感じても、少し恥ずかしいけれど嬉しいような気持ちがあるなら、どんどん言葉にして慣れていきましょう。

最終的に重要なのは、どれだけ楽しく、ご機嫌に人と関われるかです。

仕事ができても、仕事ができなくても、裏で悪口ばかり言う人とは関わりたくないですし、話していて気分が下がる人とは関わりたくありません。

だから、あなたはあなたの機嫌を取るのが大切なのです。誰も言ってくれなければ、嬉しくなる言葉を率先して自分にかけて、たくさん耳に入れるのです。

「自分って素敵かも？　人って面白いかも？　人生って素晴らしいかも？」

まずはそこから始めてみませんか。

エピローグ

相手と自分がいるから人生はさらに楽しくなる

1 わからないをわからないままにする勇気を持つ

すべてはわかりあえない、とわかって対話する

ここまでお読みいただき、ありがとうございました。今回の3秒言葉は、どんな方でも使えそうなものを厳選しています。試してみたいフレーズから、実際に口にしてみることで、自分の意識が変わり、周りとの関係性も変わっていくことでしょう。

そのうえで、エピローグでは、**人間関係がさらに豊かに進化していくヒント**についてお伝えしていきます。

「人と人とは、必ず絶対にわかりあえる」

諸悪の根源はこの考えです。

「わかりあえる」と信じているから「わかってくれない」と悩み、怒り、失望します。

実際は、少しの誤解を抱えつつ、わかりあったと錯覚しているだけです。異なる五感、文化、経験……どう考えても「人と人とは、根本的に絶対にわかりあえない」という認識を持てば、「わかりあえるはず」という呪縛から解放されます。誤解されても、意思疎通に失敗しても、「それが普通」と受け入れられます。

わかりあいたい、思いを共有したいという気持ちは尊く、通じあえたと感じる瞬間は嬉しいもの。はたまた、わかりあえないストレスは大きいものです。

でもこれからは「あれ、伝わっていない？」と感じたら喜んでください。それは気づく力が上がった証拠です。誤解やズレに気づけるのは、お互いの理解が深まり、コミュニケーションの感覚が鋭くなった証。より素敵な対話を始められます。

「どうせ通じない」と諦めるのではなく、「理解できないのは当たり前」で「わかりあえなくても、人と関わるのは楽しい」という感情を大切にするのです。

相手向け

「今回伝えたかったのはこれとこれです。なんとなく伝わります？」

伝えたいことを、最後にまとめましょう。言葉だけでもかまいません。「同じ言葉を使っている」「大事な部分の理解を共有できている」という感覚をつくり出すのです。

人は多くの情報を聞き話し、読み書きしますが、時間が経つと忘れます。エビングハウスの忘却曲線によれば、1日後には74％もの情報が忘れ去られてしまうそうです。だから、キーワードや合言葉が重要なのです。たとえば、詳しい内容を忘れかけていても、「〇〇について話しましたよね？」と、たった1つキーワードがあればピンと来て思い出せます。

共通言語を増やしましょう。キーワードを通じて、理解を深めましょう。

自分向け

「わかりあえないのは当たり前」

「なんでわかってくれないの？」と感じたら、すぐに「わかりあえないのは当たり前」

と意識します。わかりあえたと感じるほうが誤解。もしもわかりあえたら奇跡です。わかりあいたいなら、対話をすれば良い。理解しあえないからこそ、自分の思考の偏りに気づき、新しい視点を持てます。

「わかりあえない」という状況こそが、人間関係をより素敵に進化させる鍵です。

コミュニケーションは全人格

人との関わりは一時的なものではなく、継続的なものです。確かに、「一瞬で相手の心を掴む方法」を謳う本も存在しますが、その瞬間だけがすべてではありません。あなたも相手も全人格、全人生を持って、ある瞬間、人と関わっているのです。

コミュニケーションは、全人格で行われるのです。

『GREAT BOSS シリコンバレー式ずけずけ言う力』（キム・スコット 東洋経済新報社）に「仕事は全人格」というフレーズがありました。コミュニケーションも同じです。人と関わるときだけうまくやろうとする、あるいは特定の人を相手にしたときだけ、巧みにふるまおうとするという考え方は根本的に誤りです。

誰と付きあい、誰と過ごすかで幸せが決まるのに、一時的な関係ばかりで人生の時間を埋めてしまったら、本当に出会うべき人とのつながりを逃すかもしれません。

一部の人は「外では気を使って礼儀正しく、でも実際は極めて自己中心的」「本性は性格が悪いので、周りに見せられない」など偽りの自己で人と付きあおうとします。それで良いのでしょうか？　一部分しか世界に通用しない自分で良いのでしょうか？

口先だけで人を惹きつけ、うまくやるのがすべてではありません。全人格的に素晴らしい人であること。すぐに完璧にならなくても、死ぬまで成長途中でも良いのです。

どうせそこそこ苦労するなら、全人格をかけて人と付きあい、相手の人生に貢献し、自分を最高に尊敬し愛せる生き方を目指すことが、心の豊かさと日々のご機嫌のもとです。

相手
向け

「一般的にはダメかもしれないけど、これが今の自分の最大限です」

「今の自分の最大限」と認め、伝えましょう。いつかはできるようになるとしても、現時点ではできないこともありますし、それを否定する必要もありません。

ただ、自分が一般的にも他者目線でもダメだと思っていて、それを他人に「良いこと」として受け入れてもらおうとするのはおこがましいことです。

ダメだと思う部分は改善、あるいは他の能力でプラスマイナスプラスになるよう努力します。そのまま、自分がダメだと思うものを他人に押し付けることは避けましょう。

迷惑はお互いにかけあうもの。ダメなところもお互いあるもの。でも「別に、それで良いよね」ではなく、自身をますます素敵だと思えるように自分を磨きましょう。

自分向け

「あなた自身を存分に本気でさらけ出そう」

以前も申し上げましたが、自分をさらけ出すことが最高という風潮がありますが、「ありのまま」のあなたが最高なのは誰にとってでしょうか？

大切なのは、さらけ出すに値するような、存在自体で価値ある自分に必ずなれると信じて、その目標に向かって生きていくことです。

「ありのまま」は「今のまま」ではありません。今のあなたは、これまでの人生で築かれたもの。これからのあなたを決めるのは、今からのあなた。「ありのまま」とは、自分を存分に活かし、輝かせ、変化し続けることです。

2 自分の思うがままに世界は回る

自分に対する思考が、周りから自分への態度になる

人と関わると大変なこともあります。理不尽なことを言われ、誤解を受け、理解されず……でも、あなたが傷つくのは、**相手のせいではなく、あなたの問題**です。あなたがもし、

・何を言われても気にしなかったら
・「それは違います」とキチンと伝えられたら
・「その対応は嫌なので、やめてほしい」と申し出て、やめてもらえていたら

あなたに、自分が望む状態を実現する力があれば、あなたは傷つかずにすみます。その状況を招き、その気分を味わわせ、**あなたを傷つけているのはあなた自身**です。

私は今でもよく、自分を「天才」「神」とふざけながらよく言っています。2年ほど「私って可愛い」と1日10回ほど宣言し続けていたこともあります。

バカげていますよね？　でもこれが重要なのです。心のなかでも良いので言い続けると意識、行動が変わります。数ヶ月後には、周りから「天才」「神」と言われるようになり、可愛いと言い続けたら「そこそこ可愛いかも」と思えるようになりました。

あなたの周りが素晴らしさに溢れていれば、それはあなた自身の素晴らしさの表れ。辛さばかり感じるなら、それはあなた自身の変化のときです。

自分を取り巻く環境は、あなたとの関係が始まった瞬間から、あなたの影響を受けています。今のあなたを作ったのは、どんな理由があろうがあなた自身です。

自分の可能性を広げるためには、まずはすべての問題を自分のものととらえて、可能性を最大化してあげることです。それが、あなたが示せる自分への最大の愛。あなたは自分自身の最高のサポーターであり、自己成長の主役なのです。

自分向け

「素敵なことも、辛いことも、すべて本当は自分の問題」

生きていれば、波のように良いときと困難が訪れます。一見、良いときが本当は悪いときだったり、悪いときが良いときだったり、最終的には良い悪いなんてじつは存在しないと気づくでしょう。でも、だからといって「何もしない」のはもったいない。

私の好きな言葉の1つに、ニーヴァーの祈りがあります。

「変えることのできるものについて、それを変えるだけの勇気をわれらに与えたまえ。変えることのできないものについてはそれを受け入れるだけの冷静さを与えたまえ」

現実には変えられない物事がたくさんあります。でも、それに対する視点、環境、心がまえ、とらえ方、思考、解釈などはいくらでも変えられます。

「問題は、自分のなかにある」という言葉は、自責ではなく、自分ですべてを変えられるという、このうえなく前向きなメッセージなのです。

相手に対する思考が、自分への態度になる

あなたは「人」を、どんな存在だととらえていますか？　楽しみや喜びを大きくし、わかちあう存在？　少々複雑？　面倒くさい？　大好き？

じつは、**誰かを罰することは、同時に自分を罰すること**です。

「あの人はバカ」という人は「バカな自分ではダメだ」と思っています。「ズルい」と人に対して思うとき、自分は機会があればズルをする卑しい存在だと思っています。

人を許すのが大切とよく言われますが、それは、**人を許さないと、そうされてしまった自分、させてしまった自分、そんな人と関わってしまった自分を許せないから**です。

自分を愛せなければ人を愛せず、人を愛せなければ自分を愛せません。

もしもあなたが自分を好きになりたいなら、人を好きになることです。考えてみてください。人を好きで人を素敵だと感じる自分と、人を嫌いで人を素敵だと感じない自分。どちらが魅力的でしょうか？

最終的には、今、この本を読んでいるあなたに幸せになってほしいと私は願っています。そのために、人と世界を愛し、そんな世界をつくってご機嫌に生きられるように、コミュニケーションの力を磨いてほしいと思います。

相手向け

「あとはすべて、あなたの問題」

良いことも悪いことも、そう感じるのは相手の問題です。

アドラー心理学には「課題の分離」という、自分と相手の課題・責任を区別するのが重要だとする考え方があります。もしも、相手が喜んでくれても、それは相手の喜びを感じる心の素晴らしさのおかげで、自分の力ではありません。逆に、努力をし、相手のことをどれだけ考えて行動しても、結果は相手次第です。このスタンスを崩さなければ、驕り過ぎることも、気にし過ぎることもないでしょう。

自分にできることをやる、結果は相手に委ねる。人は人、自分は自分。その尊厳に心から敬意を払いながら、関わることそのものを喜びましょう。

3 人を知るのは、自分を知ること。自分を知るのは、人を知ること

お互いの魅力を最大化して、素敵な世界をつくる仲間になろう

私たちは、常に人と関わって生きています。将来にわたっても、一切他人と関わらずに生きる人はまずいません。では、私たちが人間関係、コミュニケーションを通して目指すのは何でしょう?

自分だけが輝くことではありません。他者に貢献することでもありません。

あなたと私、出会った同士が、お互いを輝かせるだけでは十分ではありません。あなたはあなたの人生の主人公で、この世界を舞台に、私が登場したり、他の人が登場したりしながら、最高の人生を歩んでいます。

ということは、この世界が素晴らしくなり、人々が素晴らしくなると、あなたの人生も私の人生も素晴らしくなります。この世界の人々は皆、最高の人生を歩むための仲間、最高の世界と人生を築く仲間なのです。

相手向け

「あなたはまだまだ素敵になれる」

そのために、自分、人、世界を知り、ご機嫌に輝いていきましょう。外見だけを着飾る、無理やりのポジティブ思考ではなく、内なる輝きを放って「こんな人がうまくいったら素敵」と思える自分になることを目指しましょう。

自分向け

「私はまだまだ素敵になれる」

私たちはいつも変化の途中です。
大事なのは、うまくいくことを周りに喜ばれる自分であること、本当の意味で、世界とあなたの人生の素晴らしさが拡大するよう、全責任を持ち、全人格を持って、人と関わり、変化することです。

ときに落ち込み、停滞し、イライラし、「自分はなんて性格が悪いんだ」とあきれることもあるでしょう。でも、たった3秒の言葉ですべては変わります。大きく変わるには時間がかかるかもしれませんが、角度が「素敵」にキュッと変わるには、きっと一瞬のきっかけで充分でしょう。

瞬間瞬間は、ただただ全力で生き切るのみ。

どんなときも、ご機嫌で素敵な物語を描く主人公として生きましょう。

今この言葉を読んだ瞬間が、
あなたの人生がキュッと、「さらに素敵」に変わるときです。

おわりに

笑うから幸せになる

ここを読んでいらっしゃるということは、きっと本をすべて読んでくれたか、「どんな本かな？」と思って「おわりに」を読みに来てくれているかどちらかでしょう。

まずはこうして私に、あなたの人生を素敵にするお手伝いをちょっとだけできる機会をくれて、ありがとうございます。私が「ここを読め！」と命令したわけでもなく読んでくれているということは、あなたが、私との出会いをつくってくれたのです、感謝。

最初に書いたように、この本は全編読まなくてもかまいません。一部を読み「今日はこれをやろう」と実践し続け、あなたの人生が素敵になっていったらそれが私の幸せです。

私は1日に最高30冊の本を読むほどの多読家ですが、日々心に留めている本や言葉がいくつかあります。『言葉』で人生を変える」には、そんなたった1冊や一言との出会いで私の人生が変わった喜び、そして、あなたにとって、この本が、一言が「あなたの人生をさらに素晴らしく変えるきっかけになったら良いな」という願いを込めています。

作家アランは『幸福論』で「幸せだから笑うのではない。笑うから幸せなのだ」と言います。生きていればいろいろなことがありますが、無理してポジティブにふるまえ、笑えということではありません。「上機嫌の波はあなたの周囲に広がり、あらゆる物事を、あなた自身をも、軽やかにするだろう」と彼が続けるように、ちょっとのご機嫌は周りに広がり、人を通してめぐり、さらにご機嫌を連れてくるのです。

「え、あなたがコミュニケーションの本を書くの？」

じつは、この本が決まったとき、知り合い皆にこう言われました。ニュータイプのコミュ障と言われ、毎年問題児として職員会議にかけられ、今でもクラスの人気者というより、教室の端で空を眺めているタイプだと思っています。「人付きあいが器用で上手」とはお世辞にもいえず、これからも王道のコミュニケーション論は私には語れないでしょう。

ただ1つ、誰よりも本気だと自負していることがあります。それが、

「誰に何と言われようが、人生を楽しみ、好きになってくれる人とともに精神的・経済的に豊かに、美しく・強く・ご機嫌に生きる」

を実践し、これを一緒に目指せる人とともに生きると決めていることです。

この本に書かれているものはすべて、いつかの涙の結晶、ブラックコーヒーよりずっと苦い思い出、懺悔したいほどの経験で試行錯誤して、結果が出た方法です。

だから、たった1つでも良いから試してほしい、一度で結果が出なくても諦めず、何度も試してあなたの望みを叶え、人とともに人生を楽しんでほしいと思います。

帰国して対人恐怖症になり、いじめで傷ついたとき「一生、誰にも心を開かず生きる」と固く決意しました。それでも、人違いで話しかけられる、チラシを配る人に笑顔を向けられると嬉しくなる。「また傷つくのが嫌なら、人に心を開くな」と何度自分に言い聞かせても、人と関わった瞬間、ふわっと「人って好き」と感じる自分がいました。

「心を開いていても、心を閉ざしていても、どうせあなたは傷つくよ。だったら、心を開いて人と関わったほうが良い。そしたらきっと楽しいときもあるから」

心のなかでひっそりと人断ちしてから数年後、知り合いの言葉で、人を断たずに人と関わりながら、最高に楽しい人生を送る力を身につけたいと漠然と考えるようになりました。

人に好かれても、自分が自分を好きでなくなる、周りの人を心から素敵だと思えないのは悲しい。せっかくなら、自分も嬉しく、相手も気持ち良く、お互いがお互いの機嫌を取るのではなく、お互いの溢れ出すご機嫌で、心地よくつながりたいですよね。

「わがまま」と思われても、良いのです。妥協せず努力をして「相手も自分も、本気でご機嫌につながる状態」を目指す。あなたともそんな仲間になれたら嬉しいです。

最後に、家族皆、敬愛するピアノの先生、作家の石川和男さん、大和出版の皆様……お1人ずつ名前をあげたいのは山々なのにページが足りません。一瞬でも関わってくれたお1人おひとり、今、ここを読んでくれているあなたのおかげでこの本は存在できています。

それでは、この本は終わりますが、あなたの素敵な人生はこれから。

今日も明日も明後日も、1年後も10年後も、あなたがもっと素晴らしい人生を送るための糧として、この本の言葉を通して、あなたの力になれることを願って。

麻生さいか

「言葉」で人生を変える超実践メソッド
いつもご機嫌《きげん》でいられる人《ひと》のモノの言《い》い方大全《かたたいぜん》

2023年 8 月 31 日　　初版発行

著　者……麻生《あそう》さいか
発行者……塚田太郎
発行所……株式会社大和出版
東京都文京区音羽1-26-11　〒112-0013
電話　営業部03-5978-8121／編集部03-5978-8131
http://www.daiwashuppan.com
印刷所……信毎書籍印刷株式会社
製本所……株式会社積信堂
装幀者……喜來詩織（エントツ）

ISBN978-4-8047-1900-9

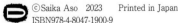